Für Pascal,

meinen Enkel, der nur im Mutterleib kurz gelebt hat
und trotzdem sehr lebendig ist

Marcel Dietler

Ich freue mich auf meine Beerdigung.
Ich werde dabei sein.

Eine theologische Sicht auf den Tod

Bibliografische Information der Deutschen Nationalbibliothek: Die Deutsche Nationalbibliothek verzeichnet diese Publikation in der Deutschen Nationalbibliografie; detaillierte bibliografische Daten sind im Internet über http://dnb.dnb.de abrufbar.

Umschlagfotos: Thomas Dietler

Layout und Lektorat: Urs und Kathrin Meier

Herstellung und Verlag: BoD – Books on Demand, Norderstedt

ISBN: 978-3-7494-3142-7

Inhaltsverzeichnis

Dank

Wenn man über achtzig Jahre alt ist, dauert es nicht mehr allzu lange, bis man nicht mehr da ist. Darum soll mein Buch auch ein Dank sein an Menschen, die mir viel bedeuten – in erster Linie ein Dank an meine liebe Frau Vreni, die es schon seit über fünfzig Jahren mit mir aushält. Sie gehört zu denjenigen Pfarrfrauen, die über keine eigene Pension verfügen. Vreni hat wie viele Pfarrfrauen genauso treu für die Kirche gearbeitet wie ihr Mann, aber ohne Lohn. Sie, liebe Leserin, lieber Leser, werden beim Lesen staunen, was dieser Mann alles aufgebaut und geleistet hat. Aber das hätte er alles nicht tun können, wenn nicht die Hälfte dieser Arbeit von seiner Frau geleistet worden wäre.

Mein Dank geht aber auch an meine Söhne Thomas und Peter, die oft zu kurz kamen, wenn ihr Vater Tag und Nacht für andere Menschen unterwegs war. Mit ihrem Humor haben die beiden immer wieder Mittel und Wege gefunden, diesen Vater doch auch für sich selber beanspruchen zu dürfen. Oft haben sich Gemeindeglieder telefonisch an mich gewandt und den Besuch des Pfarrers gewünscht. Eines Tages taten das auch die beiden Kinder. Ich war in der Studierstube. Sie riefen mich von der Küche aus an und vereinbarten mit dem Pfarrer Datum und Zeit. Ich musste zu dem betreffenden Zeitpunkt das Haus verlassen und an der Türe läuten. Sie öffneten und empfingen den Pfarrer herzlich. Ich bin stolz auf unsere Söhne. Ich danke auch unseren Schwiegertöchtern Luce und Sabine und den Enkelinnen Taina und Leia, die ihren Grossvater sogar dann ernst nahmen, als er ihren ungeborenen Bruder sah; sie bestanden darauf, sich auf jene Bank am Waldrand zu setzen, auf der sich Pascal neben mich gesetzt hatte.

Vorwort

Sie haben nach diesem Buch gegriffen, weil der Titel Sie verblüfft. Wie kann einer sich auf seine Beerdigung freuen? Und wie kann er dabei sein, ausser als Toter? Das scheint etwas mit seinem Glauben und seinen Erfahrungen zu tun zu haben. Der Verfasser sagt dazu: «In meinen fast vierzig Jahren als Pfarrer habe ich zahlreiche Sterbende begleitet, Hunderte von Trauergesprächen geführt und ebenso viele Abschiedsfeiern gestaltet. Da hört, sieht und erlebt man einiges.»

«Tot ist tot», sagen viele dumpf.

«Ich glaube an die Reinkarnation», meint eine wachsende Anzahl von Menschen.

«Wirst du mich eines Tages abholen, wenn es bei mir so weit ist?», bat ein junger Mann, der das ganze Leben noch vor sich hat und zu Recht annimmt, dass ich vor ihm sterben werde.

«Wir werden uns wieder sehen», war das letzte Wort einer Frau zu ihren Angehörigen.

«Es ist noch keiner zurückgekommen», sagen immer wieder viele.

Aber ist es denn wirklich so sicher, dass noch keiner zurückgekommen ist?

«Es ist überhaupt nicht sicher», antworte ich, «im Gegenteil», und widme dieses Buch meinem Enkel Pascal, den ich erst sechzehn Jahre nach seinem Embryotod kennengelernt habe.

Erschreckt Sie das, liebe Leserin, lieber Leser, wenn da einer behauptet, einem Menschen begegnet zu sein, der gar nie Mensch geworden ist, vielleicht gar nie hat Mensch werden müssen?

Dann, liebe Leserin, lieber Leser, tauchen Sie jetzt mutig ein in den Inhalt dieses Buches.

Eine Sternstunde

In der beliebten Sonntagmorgensendung «Sternstunde Philosophie» des Schweizer Fernsehens führte der Moderator am 8. August 2015 ein Gespräch mit zwei sympathischen Frauen, mit der Pfarrerin Brigitte Becker und dem Medium Dolly Röschli. Dolly Röschli ist die Verfasserin des Buches «Hallo, Jenseits». In dem Gespräch ging es um die Begegnung mit Toten. Was ist davon zu halten? Gibt es so etwas überhaupt? Und wenn ja, wie sinnvoll, gut oder schädlich ist es, sich darauf einzulassen?

Im Alten Testament steht auf Kontakte mit den Toten die Todesstrafe durch Steinigung (3. Mo. 19,31, 3. Mo. 20,6, 3. Mo. 20,27). Der von Gott verworfene König Saul bringt sich vollends ins Verderben, indem er ein Medium aufsucht und den Propheten Samuel aus der Totenwelt heraufkommen lässt. (1. Sam. 28). Für fundamentalistische Christen sind Nachtoderfahrungen daher ein absolutes No-Go. Wer in fundamentalistischen Kreisen entsprechende Erlebnisse hat, wird sich hüten, davon zu berichten – es droht die geistliche Steinigung. Bei liberalen Christen und wissenschaftsgläubigen Menschen ist es nicht viel besser. Diese reagieren auf Berichte über Begegnungen mit Toten zwar nicht mit geistlichen Drohungen, dafür aber mit Spott und Hohn. Sie wissen – oder meinen zu wissen –, dass es so etwas gar nicht gibt. Das ist etwas für Leute, die Halluzinationen haben. Ein Grund, auch bei ihnen nicht darüber zu reden. Der Tod – und was nach dem Tod kommt, – ist ein Tabu.

Die «Sternstunde Philosophie» vom 8. August 2015 war ein Tabubruch. Und es wurde weder gesteinigt noch gehöhnt. Die Pfarrerin und das Medium führten ein sachliches, freundliches Gespräch. Die Pfarrerin konnte freilich ein verzeihendes Lächeln nicht ganz unterdrücken. Doch, doch, auch sie hatte von Totenerscheinungen schon gehört. Nein, über persönliche Erfahrungen verfüge sie nicht, sie entsprächen nicht dem christlichen Glauben. Der christliche Glaube nehme den Tod sehr ernst. Wer an die Erscheinung von Toten glaube, verdränge letzten Endes den Todesernst. Auch sei bei einer kommerziellen Arbeit eines Mediums die Türe zum Missbrauch geöffnet. Den Einwand der Möglichkeit von Betrug liess Medium Dolly durchaus gelten, es gebe in der Tat in jedem Beruf Betrüger. Doch wehrte sie sich gegen die indirekt ausgedrückte Behauptung, ein Medium könne gar nicht Christ sein. Sie jedenfalls sei Christin, betonte sie, und werde das auch bleiben. Die Pfarrerin nickte befriedigt.

Als Fernsehzuschauer, selber Pfarrer, fühlte ich mich bei aller Sympathie für beide Frauen mit dem Medium stärker verbunden als mit der Berufskollegin. Für die evangelische Theologin ist mit dem Tod zunächst alles zu Ende. Da gibt es keine unsterbliche Seele, die beim Tod wie ein Vögelchen davonfliegt. Beim Tod stirbt mit dem Körper auch die Seele. Das Leben hier und jetzt ist die einzige Möglichkeit, sich zwischen Gut und Böse, für Gott oder gegen Gott zu entscheiden. Nach dem Tod gibt es keine Möglichkeit, einiges wiedergutzumachen und sich weiterzuentwickeln. Wir sind tot und bleiben tot, bis am Ende aller Zeiten Gott uns zu neuem Leben erweckt.

Was die Pfarrerin sagt, ist eine durchaus zu beherzigende Linie, welche sich durch das Alte und das Neue Testament zieht. Martin Luther, und im zwanzigsten Jahrhundert Karl Barth, haben sich für die Auslegung «Ganztod bis zur Auferweckung» entschieden, und die Pfarrerin ist auf der Luther-Barth-Linie geblieben.

Dies ist aber nicht die einzige Linie. Der Gedanke, dass die Seele nach dem Tod davonfliegt wie ein Vögelchen, stammt aus dem Griechentum und war vor Luther jahrhundertelang gültige Kirchenlehre. Ich bin dem griechischen Vögelchen treu geblieben. Ich finde den Gedanken, dass ich mit Leib und Seele sterbe, um dann nach Tausenden von Jahren durch den Schall der Posaune (1. Thess. 4,16) aus meinem Todesschlaf aufgeschreckt zu werden, zutiefst unsympathisch. Das mag akzeptabel sein für Menschen, die sich ein Leben lang mit der Heiligen Schrift befasst haben. Für Menschen aber, für welche die Bibel ein fremdes Buch geworden ist, die sich jedoch eines Tages mit dem christlichen Glauben auseinandersetzen möchten, ist der Ganztod bis zum Trompetenschall am jüngsten Tag keine Frohbotschaft.

Für mich ist die Bibel seit meinem zwölften Lebensjahr durchaus das Buch, das mich begeistert, herausfordert und prägt, doch die Ganztodauslegung entspricht in keiner Weise meiner eigenen Erfahrung. Zweimal in meiner Tätigkeit als Pfarrer haben mich nach einer Predigt unbekannte Gottesdienstbesucher gefragt, ob ich eigentlich wisse, dass ich mediale Begabungen hätte. Der erste, der mich darauf ansprach, wollte mich auf der Kanzel von einem blauen Licht durchflutet gesehen haben. Für mich waren damals beide das, was man Spinner nennt. Ich habe in beiden Fällen kurz und bündig geantwortet: «Ich bin ein Medium des Heiligen Geistes.» Dass ich gelegentlich besondere spirituelle Erfahrungen mache, trifft zwar zu, aber für mich sind das immer Gotteserfahrungen. Zu mir kann man nicht kommen, um zu vernehmen, wie es der verstorbenen Frau, dem verstorbenen Mann, Kind, Bruder, der Schwester oder dem Freund geht. Ich sehe nie die toten Angehörigen eines Gesprächspartners. Die Verstorbenen, die mir begegnen, haben nur mit mir selber zu tun. Und es geschieht nur selten. Doch Menschen spüren, dass ich solche Erfahrungen gemacht habe. Das gibt ihnen den Mut, mit mir darüber zu reden. Ich bin ein paarmal bei unerklärbaren Vorkommnissen wie Klopfgeräuschen oder Bildern, die von der Wand fielen, als Seelsorger um Hilfe angefragt worden. Wenn es sich um Fotos von verstorbenen Angehörigen handelte, bei denen Schuld nicht aufgearbeitet worden war, habe ich ein Versöhnungsritual angeboten, worauf die Klopfgeräusche aufhörten und die Bilder an der Wand blieben.

Es braucht grosses Vertrauen, bis Menschen es wagen, von solchen Erfahrungen zu berichten. Bei gläubigen Menschen ganz besonders, denn sie haben ja Angst, dass ihnen bei einer Totenerscheinung etwas Widergöttliches passiert. Dabei wäre das Christentum ohne eine ganz bestimmte Totenerscheinung gar nicht erst entstanden. Die Auferstehung Christi ist die wichtigste und auch die am besten bezeugte Totenerscheinung der Geschichte. Der Gekreuzigte war ein Toter, der sich materialisierte. Man konnte ihn berühren. Und trotzdem war er nicht materiell im üblichen Sinn. Er konnte durch Wände hindurchgehen, und er war nicht an Ort und Zeit gebunden. Ganz so, wie das auch bei heutigen Totenerscheinungen der Fall ist.

Wie gesagt ist die biblische Linie mit dem Ganztod ohne irgendeine Form des Weiterlebens, dafür jedoch mit Neuschaffung nach Tausenden von Jahren mit dem Weckruf der Posaune nicht die einzige biblische Linie. Bei Jesus selber leuchtet etwas anderes auf: Er nimmt die Jünger Petrus, Jakobus und Johannes mit auf einen Berg, wo ihnen Moses und Elia erscheinen (Mk. 9,2ff.). Jesus sagt: *Gott ist der Gott Abrahams und der Gott Isaaks und der Gott Jakobs. Gott ist nicht ein Gott von Toten, sondern von Lebendigen. Ihr irrt sehr. (Mk. 12,26-27)* Im Johannesevangelium sagt er: *Wer an mich glaubt, der hat das ewige Leben. (Joh. 6,47)* Er hat das ewige Leben also jetzt schon. Kein Tod kann es ihm mehr nehmen, auch nicht durch einen vieltausendjährigen Todesschlaf. Jesus anerkennt, dass wir körperlich sterben, aber in unserer Persönlichkeit und unserem Bewusstsein sind wir laut Jesus nicht tot. *Wer an mich glaubt, wird leben, auch wenn er stirbt. (Joh. 11,25) Wer da lebt und glaubt an mich, wird nimmermehr sterben. (Joh. 11,26)* Dem Schächer am Kreuz versichert er: *Noch heute wirst du mit mir im Paradiese sein. (Lk. 23,43)* Heute, nicht erst in Tausenden von Jahren. Sterbend betet er: *Vater, in deine Hände befehle ich meinen Geist. (Lk. 23,46)*

Zwar können sich die Vertreter der Ganztodlinie mit Auferweckung nach Tausenden von Jahren auf Paulus berufen, von ihm stammt der Weckruf mit der Posaune. Doch kann auch er den Philippern schreiben: *Es wird mir von zwei Dingen hart zugesetzt, indem ich Lust habe, abzuscheiden und bei Christus zu sein; das wäre bei weitem das bessere; aber im Fleisch zu verbleiben ist nötiger um euretwillen. (Phil. 1,23-24)* Nach dem Tod sofort bei Christus zu sein – und zwar sehr lebendig –, das findet Paulus sehr attraktiv. Ich übrigens auch. Das ist gute Nachricht. Tut mir leid, Martin Luther und Karl Barth, ich kann euch da nicht folgen.

Was ist mit der allgemein verbreiteten Meinung «tot ist tot, Schluss, aus»? Was ist mit Gottes Gericht, vor dem wir uns verantworten müssen? Und was ist mit der Hölle?

«Tot ist tot» ist so ziemlich die unbefriedigendste Lebenseinstellung, die man sich vorstellen kann. Einigen würde es zwar vielleicht grad so passen, nach Belieben tun und lassen zu können, solange es ihnen nützt, egal wer dadurch zu Schaden kommt, und dann eines Tages schön und ruhig tot zu sein! Aber kann uns eine solche Einstellung befriedigen? Jedes Jahr verhungern Tausende von Kindern. Und dann einfach Schluss, Ende, aus? Pech gehabt? Und was ist mit den Diktatoren und Gewaltherrschern, die ganze Volksgruppen umbringen? Sollen die am Schluss einfach tot sein und Ruhe haben? Niemals! Für mich ist klar, dass es nach dem Tod ein Gericht gibt – geben muss. Ich glaube zwar nicht an eine ewige Hölle, aber mich spricht das katholische Fegefeuer sehr an. Nicht wörtlich als Flammen, aber im Sinn einer Wiedergutmachung, einer Weiterentwicklung, einer Veränderung, die schliesslich zu einem neuen Menschen führt. Zu einem solchen Fegefeuer sage ich Ja. Aber Hölle – ewige Hölle? Auf der ersten Seite der Bibel steht, dass Gott uns seinen Geist eingehaucht hat. Der Geist Gottes ist das, was uns zu Menschen macht. Das meint auch der Apostel Paulus.

Wisst ihr nicht, dass ihr der Tempel Gottes seid und Gottes Geist in euch wohnt? (1. Kor. 3,16)

Der Geist Gottes wohnt in jedem Menschen, ob gläubig oder ungläubig, ob gut oder böse. Der Geist Gottes in einer ewigen Hölle? Selbst Hitler und Stalin waren Menschen und also Träger des Geistes Gottes, auch wenn sie in diesem Leben wie Teufel wirkten. Nicht alle Menschen kehren sofort zu Gott zurück. Die einen können nicht, die andern wollen nicht. Ein Ungläubiger wird nach dem Tod nicht plötzlich gläubig sein und zu Gott

13

gehen wollen. Sein Wollen muss sich zunächst entwickeln. Ein Hitler ist nach dem Tod nicht plötzlich eine Mutter Theresa. Für die Vorbereitung der Rückkehr des Geistes zu seinem Ursprung reicht dieses Leben hier bei vielen nicht, es braucht einen Entwicklungsprozess über den Tod hinaus – wie auch immer, wo auch immer. Bei nicht wenigen spielt der Glaube an die Reinkarnation eine Rolle. Der Walliser Psychologe Beat Imhof schreibt: «Im Tod wird das, was bisher Innenwelt war, zur Aussenwelt. Kein Wesen kann seinem eigenen Inneren entfliehen. Liebende finden sich nach dem Tod in einer lieblichen Gegend, Unwissende halten sich in einer dunklen, lichtlosen Sphäre auf, egoistische Kaltherzigkeit schafft eine kalte Wüstengegend. So finden wir uns nach dem irdischen Tod immer wieder in jenen Situationen, die wir auf Erden selber geschaffen haben. Vergleichsweise können wir sagen: Jeder trägt das Kleid, das er sich in seinen Erdentagen gewoben hat, jeder liest das Buch, das er zeitlebens selber geschrieben hat.» (Beat Imhof, Wie auf Erden so im Himmel, S. 239)

Ist mit dem Tod alles gut?

Kommen wir dann «alle, alle, alle in den Himmel», wie in einem alten Schlager gesungen wurde? Ich glaube an eine Weiterentwicklung nach dem Tod. Der kleine Geist Gottes im Menschen muss schliesslich doch wieder in den grossen Geist zurückkehren. In der Theologie nennt man das Allversöhnung. Diese geht auf den grossen Kirchenlehrer Origenes aus dem dritten Jahrhundert zurück. Um seine Lehre der Allversöhnung wurde mehrere Generationen lang heftig gestritten. Nach zweihundert Jahren verurteilte die Kirche sie schliesslich als häretisch. Auch für die Reformatoren galt Origenes weiterhin als Häretiker. In diesem Punkt bin ich also für die traditionelle katholische und reformierte Dogmatik ein Häretiker. Andererseits bin ich gleichzeitig ur-reformiert und formuliere meine Überzeugung nach dem Herzstück reformierten Glaubens, dem Heidelberger Katechismus. Als Konfirmand musste ich Frage und Antwort eins des Heidelberger Katechismus auswendig lernen – und dies ist auch heute noch mein Glaube:

Was ist dein einziger Trost im Leben und im Sterben?

Dass ich mit Leib und Seele, im Leben und im Sterben, nicht mein, sondern meines treuen Heilandes Jesu Christi Eigentum bin, der mit seinem teuren Blut für alle meine Sünden vollkommen bezahlt und mich aus aller Gewalt des Teufels erlöst hat und also bewahret, dass ohne den Willen des Vaters im Himmel kein Haar von meinem Haupte fallen kann, ja mir auch alles zu meiner Seligkeit dienen muss. Darum sichert er mir auch durch seinen Heiligen Geist das ewige Leben zu und macht mich von Herzen willig und bereit, fortan ihm zu dienen.

Die erste Frage des Heidelberger Katechismus holt uns bei unserer Todesangst ab. Das ist frohe Botschaft: Mit dem Tod ist nicht alles aus, der Tod hat nicht das letzte Wort. Die Folge dieser Frohbotschaft, die Gewissheit, dass ich lebe, auch wenn ich sterbe, «macht mich von Herzen willig und bereit, fortan ihm zu dienen.» Das Leben als Bewahrer der Schöpfung und in der Nächstenliebe ist meine Dankbarkeit.

In der Fortsetzung geht der Katechismus der Frage nach, wie das «willig und bereit, fortan ihm zu dienen», also das Leben hier und jetzt, gestaltet werden kann. In dieser Frage folge ich wieder gerne meinem Lehrer Karl Barth. In der Nazizeit lieferte der grosse Theologe der Kirche die geistlichen Waffen für den Widerstand gegen Hitler. Als Schweizer wurde Karl Barth nicht in ein KZ gesteckt, sondern in die Schweiz ausgewiesen. Von Basel aus führte er den Kampf weiter. Es geht im christlichen Glauben um das Leben hier und jetzt. Wir sind Ausgesandte, gesandt in diese Welt.

Ein Politiker sagte mir einmal: «Die Kirche soll sich nicht in die Politik einmischen, sie soll sich um den Himmel kümmern.» Falsch. Die Kirche muss sich in die Politik einmischen. «Dein Wille geschehe wie im Himmel, so auf Erden», beten wir im Vaterunser. Das Evangelium kommt vom Himmel und verändert die Welt. Es schützt Schwache und Verletzliche, Arme, Kranke und Flüchtlinge, auch Umwelt und Klima. Bereits auf den ersten Seiten der Bibel werden wir aufgefordert, die Schöpfung zu hegen und zu pflegen und nicht einfach auszunützen. Dann haben die biblischen Propheten die politisch Mächtigen herausgefordert; das hat ihnen sehr viel Leid und Leiden eingebracht. Jeremia zum Beispiel wurde in einen Brunnen geworfen und kam nur knapp mit dem Leben davon.

Die Kirche kann echte, vom Heiligen Geist geprägte Motive haben, in der Politik mitzureden. Solange sie selber Macht besass, war sie wie alle Mächtigen korrumpierbar. Die Kirche heute, die nicht mehr Mehrheitskirche ist, kann viel weniger korrumpiert werden. Sie hat zwar selber noch genug aufzuarbeiten – man denke nur an die vielen von Priestern und Ordensleuten sexuell missbrauchten Kinder. Sie muss sich reformieren und erneuern. Aber sie kann jetzt wieder Salz sein, und Salz brennt in den Wunden.

Die Kirche darf Parteimitgliedern nicht das Christsein absprechen, wenn diese eine andere Sicht haben als die Kirche, aber sie soll prophetisch eingreifen, auch wenn ihr das Leiden bringt. Das Reich Gottes ist etwas völlig anderes als das, was in Politik und Wirtschaft geboten wird. Und dieses ganz andere muss zur Geltung kommen. Es geht in der Kirche nicht einfach um den Himmel. Aber den Himmel darf sie nicht vergessen.

Oder hat die Kirche den Himmel vielleicht bereits vergessen?

Bei kirchlichen Bestattungsfeiern kommen mir oft viel Verlegenheit und Hilflosigkeit entgegen. Vom Himmel ist kaum noch die Rede, auch nicht unter einer passenderen Vokabel. Es geht vor allem um Trauer. Empathie ist bei der Begleitung von Trauernden zwar wichtig und richtig, Die Angehörigen sollen sich in ihrer Trauer ernst genommen fühlen. Doch wo bleibt der Trost? Priester, Pfarrerinnen und Pfarrer sollen die Angehörigen bei der Trauer wohl abholen, aber bei ihr nicht stehen bleiben. Es ist kein Trost, wenn der geistliche Redner nach Lebenslauf und sehr viel Trauer kurz vor dem Amen sagt, der liebe Verstorbene sei nicht in ein Nichts hineingestorben, sondern in eine letzte Wirklichkeit. In einem solchen Gottesdienst bleiben die Angehörigen leer.

Mit der Auferstehung Christi stand der Kirche ursprünglich ein Feld zur Verfügung, auf dem sie geradezu unschlagbar war, doch aus diesem Feld hat sie sich weitgehend verabschiedet und es Sondergruppen und Esoterikern überlassen. Der katholische Theologe Hans Urs von Balthasar sagt: «Was die Ansicht der Theologen über das Leben nach dem Tod angeht, ist es wie mit einem Zimmer, auf dessen Türe geschrieben steht: wegen Renovierungsarbeiten geschlossen.» (Beat Imhof, Wie auf Erden so im Himmel, S. 215) Und auch Kardinal Kurt Koch stellt fest: «Bei den heutigen Theologen ist vielfach das Bewusstsein vom Leben über den Tod hinaus schwach entwickelt und droht beinahe zur Fremdsprache zu werden.» (Luzerner Zeitung Nr. 59, 1993, S. 35)

Trauer soll ernst genommen werden, aber nicht todernst. Oft ist es geradezu peinlich, wenn der Pfarrer bei einer Person, die über neunzig Jahre alt wurde und die letzten Lebensjahre leidend im Bett verbrachte, von tiefempfundenem Schmerz spricht und erst noch bekannt gibt, dass die Verstorbene dreiundneunzig Jahre drei Monate zwei Wochen und drei Tage gelebt habe. Diese Geschichte habe ich nicht erfunden, sondern in der Abschiedsfeier für die Grossmutter meiner Frau miterlebt. Unsere Söhne – damals noch Kinder – spotteten noch lange über diesen Gottesdienst und sagten: «Wenigstens einer, der beim Tod der Urgrossmutter tieftraurig war…» Der Abschied von der Urgrossmutter war zwar ein negativer Extremfall – ich war auch schon bei guten Abschiedsfeiern dabei –, doch Peinlichkeit und Hilflosigkeit sind häufige Begleiterscheinungen bei kirchlichen Bestattungen.

Im Januar 2019 verloren bei einem Autounfall in Schweden sechs junge Menschen aus Adelboden ihr Leben. Ein Schock für ein Dorf, in dem jeder jeden kennt. Die sechs jungen Menschen waren Mitglieder einer Freikirche gewesen. Am Fernsehen sah man ihre trauernden Freunde. Erschüttert sagte einer von ihnen: «Es tut weh, sehr weh, aber wir wissen, dass die sechs jetzt an einem guten Ort sind.» Diese Äusserung hat mich tief bewegt. So etwas hört man heute selten, und schon gar nicht bei einem tragischen Tod in jungen Jahren. Bei alten, leidenden Menschen lautet der Standardsatz: «Der Vater, die Mutter ist jetzt erlöst.» Erlöst, weil das Leiden zu Ende ist, aber nicht, weil die Angehörigen den Verstorbenen an einem guten Ort wissen. Eine solche Aussage ist heute von Angehörigen kaum mehr zu erwarten. Aber wie wäre es, wenn die Pfarrerin oder der Pfarrer die Gemeindeglieder behutsam an diesen Punkt führen würde? Offenbar gilt das heute jedoch bei vielen Trauerrednern als falscher Trost. Sie sagen lieber: «Der Tod zeigt uns, wie vergänglich unser Leben ist. Das Bewusstsein, dass es vergänglich ist, macht das Leben hier und jetzt umso kostbarer.» Dieser Satz gehört wie ein Mantra an jede Beerdigung. Und wie ein bestätigendes Amen erfolgt das Echo der Anwesenden: «Er hat es wunderbar gesagt, der Herr Pfarrer.» «Wunderbar» ist es, weil die Frau Pfarrerin genau das gesagt hat, was man ohnehin immer schon gedacht hat.

Was würde wohl Paulus von solchen Abschiedsreden halten? Es sprechen mich zwar nicht alle Äusserungen des grossen Apostels an. Eine Stelle jedoch, die vieles in mir zum Klingen bringt, ist das fünfzehnte Kapitel des ersten Korintherbriefes, u. a. die Worte:

Gibt es aber keine Auferstehung der Toten, so ist auch Christus nicht auferweckt worden; ist aber Christus nicht auferweckt worden, so ist ja unsere Predigt leer, leer auch euer Glaube. (1. Kor. 15,13-14)

Leere Predigten aber locken niemanden hinter dem Ofen hervor, selbst wenn es der Herr Pfarrer nach Meinung der Angehörigen wunderbar gesagt hat. Letzten Endes hat der Pfarrer ihnen nichts geboten. Sie, liebe Leserin, lieber Leser mögen sich zur Überprüfung meines Urteils Folgendes vorstellen: Sie befinden sich in einem grossen vollen Saal, ein Pfarrer und ein Medium werden über das Leben nach dem Tod sprechen. Was meinen Sie, welcher der beiden Referenten hat wohl die vielen Leute angezogen? Das Medium oder der Pfarrer? Wäre der Saal auch voll, wenn nur der Pfarrer sprechen würde? – Wohl kaum.

Das Osterlachen

Das wohltuende Gegenteil des Todernstnehmens des Todes ist die Tradition des Osterlachens, das liturgische Auslachen des Todes. Nachdem diese Tradition fast in Vergessenheit geraten war, wird sie allmählich wiederentdeckt. Ich habe mehrmals mit Kolleginnen und Kollegen das Osterlachen gefeiert: Ich war im Gottesdienst das Opfer, das sich der Tod ausgewählt hatte. Der Tod wurde gespielt von meinem Kollegen in unheimlichem schwarzem Gewand, mit Totenkopf und Sense. Ich sass vor der Gemeinde und spielte Leben in Saus und Braus. Ich ass und trank. Eine Banane genoss ich ganz besonders, die Schale warf ich achtlos zu Boden. Doch mein Wohlstandsleben wurde bedroht. Es näherte sich der Knochenmann. Gegen den Tod kann man sich bekanntlich wehren, mindestens eine Zeitlang. Ein weiterer Schauspieler im Arztgewand vertrieb den Eindringling, indem er mir rettende Medizin einflösste. Der Sensenmann war gar nicht zufrieden und drohte mir und dem Retter mit knochigem Finger. Er würde wiederkommen. Bei einem weiteren Versuch, mich zu holen, gab es keine Tabletten und Heilträcklein mehr, doch die Orgel liess Krankenwagennotsignale aufheulen und der Arzt hielt ein Plakat mit der Aufschrift «Operation» hoch. Wieder musste sich der Sensenmann geschlagen geben. Doch einmal stirbt jeder Mensch. Beim dritten Versuch blieb mir nur die Flucht. Ich rannte unter Fluchtklängen der Orgel durch die Kirche, verfolgt von meinem Knochenkollegen. Dabei glitt ich ausgerechnet auf der von mir selber weggeworfenen Bananenschale aus und fiel zu Boden. Der Tod stand über mir. Begleitet von der Stimme der wimmernden Orgel flehte ich inständig um Verschonung. Doch der Sensenmann grinste nur höhnisch. Er packte mich und schleppte mich hinter eine Todeswand. Es wurde still, eine ganze Minute lang. Die Gemeinde war sichtlich erschüttert. Niemand konnte sehen, dass sich mein Kollege eiligst umzog. Auf einmal schmetterte die Orgel Auferstehungsmusik. Mein Mitpfarrer warf Todessichel, schwarzes Gewand und Totenkopf über die Wand vor die Gemeinde hin und stand als weissgekleideter Christus vor mir. Hand in Hand traten wir hinter der Wand hervor. Kollege Christus führte mich zu den Todessymbolen, zu der Sense, dem schwarzen Gewand und dem Totenkopf. Ich zögerte, ich hatte Angst. Würde ich noch einmal sterben? Doch Christus machte mir Mut. Wir ergriffen die Todessymbole, hielten sie triumphierend in die Höhe und brachen in schallendes Gelächter aus. Die soeben noch erschütterten Gemeindeglieder wurden angesteckt, sie konnten sich vor Lachen kaum erholen.

Den Tod nicht ernst nehmen, den Tod auslachen, das ist Osterlachen. Etwas davon kann, darf und soll bis in die Trauergottesdienste strahlen. Die Angehörigen sollen in ihrer Trauer dem Auferstandenen begegnen.

Es gibt viele Gründe, warum Menschen in Westeuropa sich von der Kirche abwenden. Einer davon ist zweifellos die Hilflosigkeit im Blick auf den Tod. Doch vielleicht wendet sich das Blatt langsam. Dass in der «Sternstunde Philosophie» eine Pfarrerin und ein Medium miteinander diskutierten, zeugt bereits von einem Umdenken. Meinen ersten und bislang einzigen Vortrag eines Mediums mit praktischer Demonstration habe ich an einem Anlass des Schweizerischen Evangelischen Kirchenbundes erlebt. Noch vor zwanzig Jahren wäre nie ein Medium an eine kirchliche Veranstaltung eingeladen worden.

Die Kirche verfügt über Schätze, die nur gehoben werden müssten. Johann Friedrich Oberlin etwa ist jedem Theologiestudenten ein Begriff. Oberlin war der evangelische Pfarrer im elsässischen Steintal. Als er starb, wurde er von evangelischen und katholischen Christen in gleicher Weise betrauert. In den Hungerjahren 1816-1817 rettete der pietistische Pfarrer die Dörfer Fouday, Solbach, Belmont, Bellefosse und Waldersbach. Er verbesserte den Obstbau und die Landwirtschaft. Zusammen mit den einheimischen Bauern legte er persönlich Brücken und Strassen an, baute Industriebetriebe und gründete Kleinkinderschulen. In seinem Tun wurde er neun Jahre lang von seiner verstorbenen

Frau beraten, die ihm regelmässig erschien. Sie erschien so real, dass er sie umarmen und küssen konnte. Oberlins Tätigkeit hatte Auswirkungen weit über das Elsass hinaus. Er gilt als der Erfinder des Kindergartens. Johann Friedrich Oberlin ist ein schmerzender Pfahl im Fleisch jedes materialistisch-rationalistisch eingeengten Theologen.

Doch auch die medial begabten Menschen haben ihren Pfahl im Fleisch. Der Norweger Rolf Erik Eikemo starb jung an Jahren an Krebs. Vor seinem Tod 2016 schrieb er einen Satz auf, liess ihn versiegeln und in einem Tresor verwahren. Er wünschte, dass nach seinem Tod ein medial begabter Mensch ihn, falls denn so etwas möglich wäre, nach dieser Botschaft befragen würde als Beweis dafür, dass es ein Leben nach dem Tod gebe – oder eben nicht. Die Aufforderung wurde an Hunderte von medial begabten Menschen auf der ganzen Welt verschickt. Es trafen zahlreiche «Nachrichten» ein, Nachrichten an die Frau und die Kinder des Verstorbenen. Doch kein einziges Medium konnte den Wortlaut wiedergeben. Rolf Erik Eikemo hatte eine Mitteilung aufgeschrieben, welche im zweiten Weltkrieg als Geheiminformation wichtig gewesen war:

Two ME 110 Messerschmitt planes fly over Gansfjard on April 9, Bank Est and fire on Sola Airport.

Am 9. April fliegen zwei ME 110 über Gansfjord, Bank Est und setzen den Flughafen Sola unter Beschuss.

Von der wissenschaftlich geprägten Theologie in die Spiritualität: das Lernvikariat

In der reformierten Kirche der Schweiz ist ein Theologiestudent nach erfolgreich bestandenen Examen ein sogenannter VDM, ein Verbi Divini Minister, ein Diener am göttlichen Wort. Nach der theoretischen Ausbildung wird er zu einer erfahrenen Pfarrerperson geschickt und von ihm oder ihr als Lernvikar in die praktische Arbeit in Predigt und Seelsorge eingeführt. Die Lehrperson berichtet der kirchlichen Obrigkeit von den Fortschritten des angehenden Pfarrers. Es sitzt auch ohne Voranmeldung plötzlich ein Mitglied der kirchlichen Behörde in einem Gottesdienst der Vikarperson. Und dann wird beraten, ob man es wagen kann, den Vikar oder die Vikarin als Pfarrer oder Pfarrerin in den Kirchendienst aufzunehmen.

Als blutjunger Prediger- und Seelsorgeanfänger wurde ich im Berner Oberland von einem begnadeten Seelsorger in meine künftige Tätigkeit eingeführt. Er liess mich an seinen seelsorgerlichen Gesprächen teilnehmen und zeigte mir, wie er mit den Problemen und Fragen seiner Gemeindeglieder umging. Und dann schickte er mich allein in die Häuser und zu den Kranken im Spital. So kam ich auch zu Frau B. Die vierzigjährige ledige Frau hatte eine Hüftoperation hinter sich. Alles war gut gegangen, die Ärzte waren zufrieden. Frau B. sollte am nächsten Tag entlassen werden. Sie hatte jedoch den Besuch eines Seelsorgers verlangt, und zwar ausdrücklich nicht des Pfarrers, sondern des Lernvikars, weil dieser bei ihr etwas lernen sollte. Zum Lernen war ich ja da. Frau B. wollte mich trainieren. Ich war gespannt, was die liebenswürdige Frau B., die ich von meinen Anfänger-Gottesdiensten her kannte, mir beibringen würde. Frau B. wirkte vergnügt. «Sie werden staunen», sagte sie, «Sie dürfen die Beerdigung für mich halten.» Mir verschlug es die Sprache. «Ich habe Sie kommen lassen», fuhr sie fort, «weil Sie offen sind für unerklärbare Geheimnisse. Ich möchte Ihnen auf diesem Weg weiterhelfen. Ich werde morgen nämlich nicht aus dem Spital entlassen. Ich werde in dieser Nacht sterben.» Ich fühlte mich überfordert. Frau B. sah meinen verlegenen Gesichtsausdruck. «Nein, nein», lachte sie, «ich bin nicht verrückt. Sie können mich jetzt zwar nicht verstehen, doch morgen schon wird das bei Ihnen anders sein. Gott ist gut und ein grosses Geheimnis. – Werden Sie also die Abschiedsfeier für mich halten? Aber bitte keine Trauerfeier. Ich habe weder Mann noch Kinder, also kein Grund zur Trauer, mein Abschied soll Lob Gottes sein.» Ich stammelte eine Zusage, sagte aber: «Frau B., Sie werden überhaupt nicht sterben.» – «Kein Aber», lachte sie, «versprochen ist versprochen. Und bitte rufen Sie jetzt weder den Arzt noch den Psychiater, mir geht es ausgezeichnet.»

Ich war nach diesem Gespräch sehr verwirrt. Ich war an meine Grenzen gekommen. Mein Lehrmeister, dem ich von meinem Besuch berichtete, wurde nachdenklich: «Wenn Frau B. so spricht, müssen wir das ernst nehmen», sagte er stirnrunzelnd.

In der Nacht erlitt Frau B. einen Herzstillstand und starb. Und ich war ein anderer Mensch. Ich war mit Frau B. nicht einfach an meine Grenzen gekommen, ich hatte sie überschritten. Ich wusste: In der vom Rationalismus geprägten Welt der Schweiz und Europas würde ich nun ein Fremdling sein.

Die Vorbereitung der Abschiedsfeier bereitete mir keine Mühe, obwohl es erst der zweite Beerdigungsgottesdienst meines Lebens war. Bei der ersten Trauerfeier war mir der erfahrene Dorfpfarrer zur Seite gestanden, bei der zweiten Abschiedsfeier war es die Verstorbene, die mich begleitete. Gesehen habe ich sie zwar nicht, es war ein Gefühl; aber ich wusste, was ich zu sagen hatte.

Traum oder Wirklichkeit? Begegnungen

Das Gefühl der Gegenwart eines Menschen haben alle, die einen lieben Angehörigen oder Freund verloren haben, doch für viele bleibt es eben ein Gefühl. Ich frage mich zwar auch immer wieder: «Ist es nicht einfach Einbildung?» Dieser Zweifel befällt mich selbst dann, wenn ich die Verstorbenen zu sehen meine, denn ich sehe sie ja meistens in einem Traum oder in einer Art Traum.

Als ich Pfarrer an der Schweizer Kirche London war, fragte mich die Basler Mission, ob nicht ein junger Afrikaner bei uns wohnen könne, den sie zur Ausbildung nach London geschickt hatten. Meine Frau und ich sagten zu, und so wurde Samuel ein Mitglied unserer Familie. Für Vreni und mich wurde er bald so etwas wie ein älterer Sohn, für unsere kleinen Buben war er der grosse Bruder, den sie sehr liebten. Er war unser Samuel. Selbst als wir in die Schweiz zurückkehrten, blieb er ein Familienmitglied. Er besuchte uns regelmässig. Nach Abschluss seines Studiums in England wurde er als erster nicht weisser Finanzverwalter der selbständig gewordenen reformierten Kirche Kameruns eingesetzt. Nun waren wir diejenigen, die ihn in Afrika besuchten, zusammen mit unseren Kindern. Leider nur ein einziges Mal. Kurz nach unserem Besuch in Afrika kam unser Samuel beim Absturz des Missionsflugzeugs ums Leben. Unsere Buben weinten tagelang. Auch für die reformierte Kirche Kameruns war Samuels Tod ein schmerzlicher Verlust. Nun musste bis zur Ausbildung eines anderen jungen Afrikaners wiederum ein Schweizer das Finanzwesen übernehmen. Was hatte sich Gott bloss gedacht, als er das Unglück nicht verhinderte?

Zehn Jahre nach dem tragischen Todesfall träumte ich, eine lichtvolle Gestalt komme auf mich zu. Offensichtlich ein Afrikaner, leuchtend wie ein Engel. Wer war das? «Kennst du mich denn nicht mehr?», sprach der Leuchtende. Die Stimme traf mich mitten ins Herz. «Samuel!», rief ich beglückt. «Wie schade, dass das nur ein Traum ist!» – «Bist du sicher, dass es ein Traum ist?» Ich hatte mich im Bett aufgerichtet und schaute mich um. Neben mir lag Vreni in tiefem Schlaf. Samuel blickte uns beide liebevoll an. «Ich war bei diesem Unglück dabei», sagte er und verschwand. Ich konnte lange nicht mehr einschlafen. Was sollte dieser Traum – wenn es denn ein Traum war? Und warum musste Samuel mir überhaupt sagen, dass er bei diesem Unglück dabei gewesen war? Er war ja dabei ums Leben gekommen.

Einige Stunden nach diesem Traum – oder auch nicht Traum – wurde unser Sohn Thomas mit seinem Motorrad in einen Zusammenstoss mit einem Auto verwickelt, bei dem es ohne weiteres Tote hätte geben können. Es gab jedoch Gott sei Dank keine Toten, und Thomas hatte nur einige Schrammen abbekommen. Jetzt war mir klar, was Samuel mir hatte sagen wollen. Samuel war beim Unfall unseres Sohns, der sich aus unserer Sicht noch gar nicht ereignet hatte, als Schutzengel dabei gewesen. Nach dem Tod sind Raum und Zeit aufgehoben. Ob Traum oder nicht Traum, ich war zutiefst dankbar.

Ganz eindeutig ein Traum war dagegen meine Begegnung mit meinem Gymerfreund Marcel JeanRichard. Ich träume oft und viel, meistens lustiges, unlogisches Zeug, an das ich mich anschliessend kaum erinnere. Selbst Träume, die ich am Morgen noch erzählen kann, vergesse ich nach einigen Stunden und denke nicht mehr daran. Anders beim Traum mit Marcel JeanRichard. «Wie kannst du mir im Traum erscheinen, wo ich doch gar nicht an dich gedacht habe?», fragte ich. «Ich bin gekommen, weil ich dich besuchen wollte.» – «Könnt ihr aus der anderen Welt denn einfach besuchen, wen ihr wollt?», fragte ich verblüfft. «Nein», lachte er, «es geht nicht bei allen, nur bei denjenigen, die offen dafür sind.» Ein völlig logisches Gespräch. Träume sind normalerweise unlogisch, unverständlich und bedürfen einer Interpretation. Der Traum mit meinem Gymerfreund dagegen bedurfte keiner Interpretation. Es war alles klar: Tote können nur bei denen erscheinen, die dafür offen sind.

Jahrelang sah ich keine Verstorbenen mehr, doch ab und zu spürte ich sie. Eines Tages fühlte ich die Gegenwart der Grossmutter mütterlicherseits, die ich sehr geliebt hatte. Sie war gestorben, als ich fünf Jahre alt war. Beim Gefühl ihrer Gegenwart kam mir ein Gebet in den Sinn, das sie jeweils vor dem Einschlafen mit mir gesprochen hatte und an das ich nie mehr gedacht hatte. Seit ihrer gefühlten Gegenwart kenne ich dieses Gebet wieder. Auch die Grossmutter väterlicherseits, die ich gar nie gekannt hatte, machte sich bemerkbar. Als ich ihre Energie spürte, liess sie mich wissen, wie sie ledig geheissen hatte. Mein Vater war verblüfft, als ich ihn fragte, ob seine Mutter ledig Marie Stämpfli geheissen habe. Das war tatsächlich ihr Name gewesen.

Energieübertragungen ereignen sich jedoch nicht nur mit Personen aus der anderen Dimension, sondern auch mit Menschen in dieser Welt. Eine ehemalige Nachbarin bat mich eines Tages in einem Brief um eine Auskunft, mit der sie ihrer Tochter helfen wollte, in England eine Stelle zu finden. Da ich gerade das Haus verlassen wollte, las ich den Brief nur kurz und legte ihn dann zur Seite. Bei meiner Rückkehr suchte ich vergeblich nach dem Schreiben. Hatte ich wirklich einen Brief erhalten oder bloss davon geträumt? Auf jeden Fall setzte ich mich mit der früheren Nachbarin in Verbindung. Sie lachte schallend. «Nein», sagte sie, «ich habe dir nicht geschrieben, aber ich habe mich mit meiner Tochter über genau diese Frage unterhalten und wir wollten dir tatsächlich schreiben. Jetzt bist du uns zuvorgekommen. Danke für die Auskunft.»

Der Pfarrerberuf ist besonders geeignet für Energieübertragungen. Pfarrer, die sich auf die Predigt gründlich vorbereiten und genau wissen, was sie sagen wollen, aber ohne Manuskript predigen, bestätigen immer wieder, dass an denjenigen Punkten, wo sie kurz den Faden verlieren und zur Überbrückung etwas völlig Unvorbereitetes sagen, eine Direktschaltung des Heiligen Geistes vorliegt. Nach der Predigt zitieren Gottesdienstbesucher die Überbrückungsstellen und sagen, dass sich für sie ein Problem gelöst habe, eine Frage beantwortet wurde oder Gott sie persönlich angesprochen habe. Pfarrer, die sich an ein Manuskript halten, berichten Ähnliches. Sie blicken vom Manuskript auf, schauen in die Gemeinde, verpassen die nächste Zeile und müssen überbrücken. Und genau dort geschieht Entscheidendes. Eine Predigt ist sowohl ein menschliches Kunstwerk als auch ein göttliches Wunder.

Was für die Predigt gilt, gilt auch für die Seelsorge. Ich bekam eines Tages den Anruf einer verzweifelten Frau, die unerkannt bleiben wollte. Sie sprach mit verstellter Stimme und sagte, sie werde Suizid begehen. «Sie werden wissen, wer ich bin, sobald sich mein Mann wegen der Beerdigung mit Ihnen in Verbindung setzen wird», sagte die durch die Verstellung unheimliche Stimme. «Sagen Sie meinem Mann und meinen Kindern, dass sie nicht schuld sind an meinem Tod.» Sie ging aus der Leitung. Ich war zutiefst erschrocken. Ich musste diese Selbsttötung unbedingt verhindern. Aber wie? Wer war die Frau? Offensichtlich kannte ich sie, sonst hätte sie nicht angerufen. Mein Herz raste. Verzweiflung lässt oft die Grenzen der Ratio zusammenbrechen. Auf einmal sah ich die unglückliche Frau in einer Vision. Meine Not steigerte sich. Wie konnte ich ihrem Mann erklären, er müsse zur Rettung seiner Frau eilends nach Hause gehen? Ihr Mann war ein bekannter Politiker. Wie würde ich dastehen mit einer derartigen Warnung, falls die Verzweifelte, die angerufen hatte, gar nicht seine Frau war? Mir brach der Angstschweiss aus, doch ich rief zitternd an und fragte: «Herr M., wenn ich Ihnen sagen würde, dass Ihre Frau suizidgefährdet ist, was würden Sie mir antworten?» Der Politiker sagte ganz aufgeregt: «Sie ist in der Tat suizidgefährdet.» Auf meinen Rat ging er augenblicklich nach Hause und konnte seine Frau gerade noch retten. Die Verzweiflung hatte eine Vision ausgelöst. Ich hatte die Frau gesehen, die aus dem Leben scheiden wollte.

Um Verzweiflung ging es auch, als meine Frau und ich unseren jüngeren Sohn während seines Australienjahres besuchten. Er wohnte im Westen des grossen Landes, Treffpunkt sollte jedoch Sydney sein. Von dort aus wollten wir mit einem Wohnwagen eine grössere Reise antreten. Unser Sohn sollte uns am Flughafen abholen. Er hatte die Adresse unseres Hotels. Der Übergang vom 28. auf den 29. Februar löste bei ihm jedoch ein Missverständnis aus. Er kam weder zum Flughafen noch ins Hotel. Mobiltelefone gab es damals noch nicht. Wir konnten keinen Kontakt mit ihm aufnehmen. Nach einer furchtbaren Nacht, in der wir dauernd hofften, seine Schritte zu hören, gingen wir zur Polizei. Diese teilte unsere Sorge. Da musste in der Tat etwas passiert sein. «Wir werden in allen Krankenhäusern und Gefängnissen nach ihm suchen lassen», versprachen sie. Nach der Meldung bei der Polizei marschierten wir in Angsttrance durch die grosse Stadt. Bei einem wunderschönen Brunnen hörte ich mich in meiner Verzweiflung sagen: «An diesen Brunnen setze ich mich und warte, bis Peter kommt.» – «Was ist denn das für eine göttliche Eingebung?», seufzte meine Frau. «Es ist wirklich eine göttliche Eingebung», sagte meine Stimme, aber es war nicht ich, der gesprochen hatte. Es war meine Verzweiflung. Total unvernünftig. Und dann sprach die Stimme meiner Frau etwas ebenso Unvernünftiges: «Dort drüben in der chinesischen Nudelsuppenbude geht er immer essen.» Nach fünf Minuten stand Peter vor uns. Wir schlossen ihn weinend in die Arme. «Warum seid ihr denn jetzt schon da», stammelte er, «und nicht erst morgen?» Und nach einer Weile, nachdem wir uns ausgeweint hatten: «Dort drüben in der billigen chinesischen Nudelsuppenbude gehe ich jeden Tag essen, seit ich in Sydney bin.» Alle drei waren wir sehr bewegt. «Zufall» nennen viele solche Erfahrungen. In einem gewissen Sinn haben sie sogar Recht. Eingebungen fallen uns zu. Man kann nach solchen Erfahrungen nicht einfach greifen wie nach einem Stück Brot oder Käse. Sie entziehen sich unserem Zugriff. Sie fallen uns zu, sofern wir dafür offen sind.

Spirituelle Erfahrungen aus der heutigen Zeit im Licht des Neuen Testaments

Mehr als es fundamentalistische Christen erlauben oder die historisch kritische Bibelauslegung erfassen kann, ist das Neue Testament das Buch solcher Erfahrungen. Meldungen aus der geistigen Welt nennen es medial begabte und tätige Frauen und Männer. Charismen, die in jedes christliche Glaubensleben gehören, nennt es der Apostel Paulus und schildert einen zu seiner Zeit normalen christlichen Gottesdienst:

> *Wie ist es nun, ihr Brüder? So oft ihr zusammenkommt, hat jeder etwas: einen Psalm, oder eine Lehre, oder eine Offenbarung, oder eine Zungenrede, oder eine Auslegung der Zungenrede. (1. Kor. 14,24 bzw. die ganzen Kapitel 12-14)*

Offenbarung ist die Kenntnis von etwas, das man nicht wissen kann. Reden oder Singen in Zungen ist ein Beten in Silben oder Klängen, welche an der Ratio vorbei direkt aus dem Herzen kommen, aber in die Sprache der Ratio übersetzt werden müssen. Auch Heilungen werden in diesen Kapiteln erwähnt.

Die Bibel ist ein faszinierendes Buch. Ich bin kein Fundamentalist, aber Erfahrungen sind nun einmal Erfahrungen. In den Korintherbriefen, im Römerbrief sowie in der Apostelgeschichte kommen Erfahrungen zur Sprache, von denen weder der Fundamentalismus noch die historisch kritische Bibelauslegung etwas verstehen.

In dem charismatischen Kapitel 14 des ersten Korintherbriefes sagt der Apostel Paulus zwar auch: *Das Weib schweige in der Gemeinde.* Daran halten sich viele Fundamentalisten. Für sie ist das Wort Gottes. Ich aber sage zu diesem Pauluswort: «Es gibt Frauen, die in der Gemeinde reden sollen, und es gibt Männer, die besser den Mund halten.» Die Bibel ist nun einmal ein Buch, das in verschiedener Hinsicht aus einer anderen Welt stammt. Zum einen ist sie ein Buch aus einer historischen Welt, mit Ereignissen in der Vergangenheit, für welche die historisch-kritische Theologie zuständig ist. Zum andern ist sie ein Buch aus einer anderen Erfahrungswelt, und aus dieser haben wir einiges zurückzuholen.

Von den Äusserungen medial tätiger Frauen und Männer verstehe ich nicht besonders viel, doch in den Parallelerscheinungen in charismatischen Gottesdiensten, die für Paulus normal waren, bin ich zu Hause. Ich habe in England und in den Vereinigten Staaten Kurse für charismatische Erneuerung besucht und auch selber Kurse und Seminare abgehalten. Dankbar darf ich sagen, dass mich der Synodalrat der Kirche Bern/Jura/Solothurn in dieser Tätigkeit wärmstens unterstützt hat. Unsere Seminare wurden in die Pfarrerweiterbildung aufgenommen. Mehrere Jahre war ich der Chairman des europäischen Komitees für Einheit der Kirche und charismatische Erneuerung. Für die Vorbereitung unserer Kongresse trafen wir uns abwechslungsweise in England, Deutschland, Frankreich, Belgien, der Schweiz und im Vatikan. Der persönliche Beichtvater des Papstes war Mitglied des Komitees. Der Heilige Vater verfolgte unsere Arbeit mit Interesse. Es herrschte damals ein pfingstlicher Aufbruch, ein Feuer, das manchmal fast bedrohliche spirituelle Waldbrände auslösen konnte. Unsere überkonfessionelle Vereinigung hat dazu beigetragen, dass das Feuer im Ofen, d. h. in den katholischen, anglikanischen und evangelischen Kirchen, weiter loderte und dort viel Wärme und Segen verbreitete.

Dass das Pfingstfeuer ausser Kontrolle geraten kann, hat kein Geringerer als der Apostel Paulus erfahren. Die bereits erwähnten Kapitel aus dem ersten Korintherbrief dienen nicht dem Entfachen des Feuers – es brannte bereits lichterloh –, sondern dem Hereinholen in den Ofen. «Lasst alles in Frieden und Ordnung geschehen», bittet der Apostel. Offenbar gab es vor allem Frauen, die wild und unkontrolliert brannten und unüberlegte feurige Predigten hielten. «Diese Frauen», ordnete Paulus an, «sollen in der Gemeinde schweigen.» – Im heutigen Aufbruch mit Medialität brennt ein ähnliches Feuer. Die bekannten medial tätigen

Frauen und Männer leisten eine wertvolle geordnete Arbeit. Ihre Kritiker nennen sie abschätzig «selbsternannte Medien». Sie sind jedoch keineswegs selbsternannt. Sie haben in England in einem altehrwürdigen Schloss studiert und Prüfungen abgelegt. Mit einem fröhlichen Augenzwinkern nenne ich diese Ausbildungsstätte eine Harry-Potter-Hogwarts-Zauberschule. Diese Schule sendet ihre medial ausgebildeten Absolventen aus.

In meinen charismatischen Gruppen gab es manchmal junge begeisterte Frauen und Männer, die ihr neu entdecktes Potential im Heiligen Geist etwas allzu sehr nach ihrem Bauchgefühl (oder noch etwas tiefer unten) anzuwenden versuchten. Der Heilige Geist teilte ihnen beispielsweise mit, wer wen heiraten müsse, und dann blieben erstaunlicherweise das weibliche Heiliggeist-Medium und ein hübscher Bursche allein übrig, sodass eigentlich ganz logisch war, dass diese beiden zueinander gehörten. Das Medium strahlte verliebt. Es war klar, dass da nicht der Heilige Geist, sondern ein amouröser Geist am Werk war. Als Leiter musste ich eingreifen. Das Möchte-gern-Medium des Heiligen Geistes entschuldigte sich später und freute sich schliesslich sogar darüber, dass der attraktive Bursche katholischer Priester wurde.

Ähnliche begeisterte Fehlzündungen ereignen sich heute bei Frauen nach einem Vortrag eines Mediums. Auf einmal hören auch sie Tote sprechen, doch was die Toten sagen, hat oft nicht mit den Toten, sondern mit ihnen selber zu tun.

Es ist vermutlich kein Zufall, dass sich solches oft bei Frauen ereignet. Frauen sind nun einmal offener als Männer für das Geheimnis hinter dem Sichtbaren, Berührbaren und Messbaren. Und wo Menschen sich für etwas Unerwartetes öffnen, treten Anfängerfehler auf.

Obertonsingen

Die dramatischste Begegnung mit der Welt der Verstorbenen ereignete sich bei mir in meinem achtzigsten Lebensjahr. Um mein Gebetsleben frisch zu erhalten, übe ich immer wieder neue, für mich selbst ungewohnte Gebetsformen. In einer Fernsehsendung hatte ich eine Frau Oberton singen gehört. Obertonsingen – auch polyphoner Gesang genannt – ist ein Singen ohne Worte, ähnlich wie bei der Zungenrede oder beim Singen im Geist. Im Obertonsingen wird der Klang der Stimme durch eine besondere Stellung der Zunge in zwei Töne geteilt. Es ist, als ob ein Mensch mit zwei Stimmen singen würde. Es klingt sehr mystisch. Ich beschloss, daraus ein Gebet zu machen. Es dauerte Wochen, bis es gut klang. Selbst als ich es einigermassen konnte, ging ich frühmorgens, um meine Frau nicht zu wecken, in die freie Natur, an der Tramstation vorbei, hinauf zum Waldrand des Gümligenbergs. Zu dieser frühen Stunde war ich dort ganz allein. Ich störte niemanden mit meinen lauten Obertönen. Da tauchten auf einmal vier Rehe auf, stellten sich direkt vor mich hin und hörten intensiv zu. Wenn ich aufhörte, meckerten sie leise «meeeehhhh», was sich anhörte wie «bitte noch mehr» auf Berndeutsch. Ich musste lachen, kam aber dem Wunsch der Rehe nach. Es war eine echte Kommunikation mit den Wildtieren, gut zehn Minuten lang. Anschliessend begleiteten sie mich bis zur Tramstation und kehrten dann in den Wald zurück. Ich war glücklich, ich fühlte mich wie der zweite Franz von Assisi.

Am nächsten Tag eilte der zweite Franz von Assisi wieder zum Waldrand hinauf und betete Oberton. Kein einziges Reh tauchte auf. Dafür sass auf der Waldrandbank auf einmal ein Jüngling, der mir bekannt vorkam. Im Gegensatz zu den Rehen, die jeder Mensch hätte sehen können, wusste ich, dass dieser Jüngling nur für mich zu sehen war. Ich war jedoch weder erstaunt noch beunruhigt. Ich befand mich in einem Ausnahmezustand. Es war völlig normal, dass er dort sass und auf mich wartete. Ich setzte mich neben ihn.

«Ich bin der Pascal», sagte er freundlich, «du bist mein Grossvater.» Darum also kam er mir so bekannt vor. Er hatte mich an unseren Ältesten, an Thomas, erinnert, als dieser ein Jüngling war. «Bist du das Kind, das starb, bevor es auf die Welt kam?», fragte ich. «Ja, ich bin es, aber ich bin kein kleines Kind geblieben.»

Mich überflutete eine Welle der Liebe. Es wäre mir in keiner Weise in den Sinn zu kommen zu fragen, wie es in der grossen Nähe zu Gott und Christus aussehe. Ich glaube auch nicht, dass ich eine Antwort erhalten hätte. Gott ist ein Geheimnis. In ein Geheimnis kann man eintauchen, aber man kann nicht darüber verfügen. Mit Pascal hatte ich den Saum dieses Geheimnisses berührt. Mein Sohn und meine Schwiegertochter hatten ja noch nicht einmal gewusst, ob ein männliches oder weibliches Kind unterwegs war. Also hatten sie sich noch keine Gedanken über den Namen gemacht. Pascal bedeutet Ostern. Ich war nicht nur meinem Enkel begegnet, sondern dem auferstandenen Christus.

Für mich als Theologe ist es wichtig, die Manifestation von Verstorbenen in Verbindung mit der Auferstehung Christi zu sehen. Wir sind Teil eines grossen Ganzen. Wir kommen von Gott und gehen wieder zu Gott. Wenn wir uns auf die Erscheinung von Verstorbenen einlassen ohne Einbindung in das grosse Ganze, befinden wir uns auf einem Abstellgleis. Wir sind dann nicht unterwegs ins Licht, sondern bleiben bei unseren Angehörigen und Freunden stehen. Es geht mir um Gott. Die Begegnung mit lieben Verstorbenen ist nicht Selbstzweck, sondern Hinweis auf das göttliche Geheimnis. Die Begegnung mit Verstorbenen soll nicht beim Festhalten stehenbleiben, sondern zu einem Loslassen führen, zu einer neuen Beziehung im gemeinsamen Gotteslob.

Abendmahl und Messe als gemeinsame Feier der sichtbaren und der unsichtbaren Welt

Ich liebe Abendmahlsfeiern, die sich an die Form der katholischen Messe halten. In der Messeliturgie wird das Sanctus von den Vollendeten und von den Gläubigen auf Erden, vom oberen Chor und vom unteren Chor gemeinsam gesungen. Die Gemeinde im unteren Chor wird aufgerufen, die Herzen mit dem oberen Chor zu verbinden.

Hebet die Herzen empor, ruft der Liturg.

Wir haben sie beim Herrn, antwortet die Gemeinde.

In der Freiheit, die mir unsere evangelisch-reformierte Kirche gewährt, habe ich für meine Abendmahlsgottesdienste die Sängerinnen und Sänger des oberen Chors ansprechbar gemacht. Ich nenne Engel, biblische Gestalten und Menschen aus der Kirchengeschichte mit Namen. Die Gemeinde antwortet mit «anwesend».

Hebet die Herzen empor

> *Wir haben sie beim Herrn bei den himmlischen Chören*

> *Uriel, Gabriel, Raphael, Michael, ihr Engel alle*

> *Anwesend*

Abraham und Sara, Isaak und Rebekka, Jakob, Rahel und Lea

> *Anwesend*

Moses, Jesaja, Jeremia, ihr Propheten alle

> *Anwesend*

Maria und Joseph, Petrus, Andreas, Johannes, Paulus....

> *Anwesend*

Franz von Assisi, Theresa von Avila, Niklaus von Flüe...

> *Anwesend*

Ihr Heiligen der neuen Zeit: Edith Stein, Dietrich Bonhoeffer, Martin Luther King...

Anwesend

Unsere Freunde und Verwandten, die Gott vollendet hat, die sein Angesicht schauen

Anwesend

Mit ihrem Lob vereinigen sich auch unsere Stimmen zum innigen Lobpreis:

Heilig, heilig, heilig

An Sterbebetten feiere ich auch auf diese Weise Abendmahl mit den Sterbenden und den Angehörigen. Es hilft ihnen, einen lieben Menschen in den oberen Chor ziehen zu lassen. Einmal war ein Sterbender, ein ehemaliger Konfirmand, bereits gestorben, Minuten, bevor wir bei ihm eintrafen. Wir haben uns nicht beirren lassen und mit ihm Abendmahl gefeiert. Er war ja anwesend. Im christlichen Glauben sollen wir mit unseren Verstorbenen in Beziehung bleiben, aber in eine neue Beziehung treten.

Bei einem meiner winterlichen Saunabesuche habe ich einmal das Gespräch von zwei Saunagästen mitbekommen. Die beiden glaubten an ein Leben nach dem Tod und unterhielten sich vor allen anderen Saunabesuchern ungeniert über dieses Thema. «Was meinst du», fragte der eine, «gibt es im Himmel auch so etwas wie Sex?» Sein Gesprächspartner schüttelte den Kopf. «Hoffentlich nicht, das hatten wir hier doch zur Genüge, das würde allmählich langweilig; im Himmel muss etwas anderes kommen.» Ich war nicht der einzige, der zugehört hatte. Alle schwitzenden Männer lachten.

Ohne es zu wissen, hatten die beiden Männer etwas von dem begriffen, was Jesus den Sadduzäern in einem Streitgespräch gesagt hatte. Die Sadduzäer glauben nicht an ein Leben nach dem Tod. Sie hielten Jesus den fiktiven Fall von sieben Brüdern vor. Der älteste war verheiratet und starb ohne Kinder. Also heiratete der zweite die Frau des Bruders, doch auch er starb. Das ging so weiter bis zum siebenten und letzten Bruder. Mit welchem wird die Frau im Reich Gottes verheiratet sein? Jesus antwortete: *In der Auferstehung heiraten sie nicht und werden nicht verheiratet, sie sind wie die Engel in den Himmeln. (Mk. 1,25)*

Im Himmel gibt es keinen Sex. Da hatten die beiden Saunagäste recht. Das Leben nach dem Tod ist nicht die Fortsetzung des Lebens in Raum und Zeit. Wir werden nicht Grossmutters Geburtstagskuchen himmlisch weiter essen. Leben nach dem Tod einfach so als Wiedervereinigung mit unseren Lieben, das muss doch wirklich nicht sein. Zwar halte ich froh und dankbar an dem fest, was unsere englische Freundin, eine Methodistenpfarrerin, zu meiner Frau und mir gesagt hat, bevor sie die Augen für immer schloss: «Vreni, Marcel, we shall see each other again – wir werden uns wieder sehen.» Freundschaft im Himmel wird jedoch nicht die Wiederholung der alten Freundschaft sein, Ehe nicht mehr Ehe, Kleinfamilie nicht mehr Kleinfamilie. Der Familienkreis und der Freundeskreis werden grösser sein. Wir werden nicht nur unseren Lieben begegnen, sondern auch unseren Garnicht-Lieben. Wir werden mit ihnen eine einzige grosse Liebe sein, so wie der Vater, der Sohn und der Heilige Geist eine einzige grosse Liebe sind. Wir kommen von Gott und gehen wieder zu Gott. Wir kommen aus dem Licht, bringen Licht und gehen wieder ins Licht. Wir kommen aus der Liebe, bringen Liebe und kehren in die Liebe zurück.

In meinem ungeborenen Enkel, der mit beim Obertonsingen erschien, bin ich nicht einer Fortsetzung der Blutsverwandtschaft begegnet. Der Name Pascal weist auf Ostern, Auferstehung, Christus, Gott, Mitschöpfung hin. Wir werden schöpferisch tätig sein, aber nicht als Ego, sondern als gesamtgöttliches Wir mit individuellem Bewusstsein und individueller Erinnerung.

Mit Pascal habe ich auf zarte Art erlebt, was der Apostel Paulus viel atemraubender erlebt hat. Er erzählt davon in der dritten

Person, als ob ein anderer es erlebt hätte, doch es betrifft ihn selber. Er schreibt den Korinthern:

Ich weiss von einem Menschen in Christus, dass vor vierzehn Jahren – ob im Leibe, weiss ich nicht, ob ausser dem Leibe, weiss ich nicht, Gott weiss es – der Betreffende bis in den dritten Himmel entrückt wurde. Und ich weiss von dem betreffenden Menschen – ob im Leibe, ob ohne den Leib, weiss ich nicht, Gott weiss es –, dass er in das Paradies entrückt wurde und unaussprechliche Worte hörte, die ein Mensch nicht sagen kann. (2. Kor. 1,2-4)

Liebe Leserin, lieber Leser, realisieren Sie, was Paulus hier sagt? Er berichtet von einem Kurzbesuch im Himmel. Können Sie nachvollziehen, dass dies das grösste Erlebnis ist, das einem Menschen geschenkt werden kann?

Aber was ist der Himmel? Und wo ist der Himmel? Die Menschen in der Bibel hatten nicht die naive Vorstellung, dass der Himmel Gottes sich ein paar Kilometer über der Erde befinde und sich mit seinem blauen oder auch wolkengrauen Zelt über sie wölbe. Die Heilige Schrift kennt drei Himmel. Der erste Himmel ist der Himmel der Wolken oder eben der blaue Himmel, der zweite Himmel ist das Universum mit seinen Milchstrassen, Sternen, Sonnen und Planeten. Der dritte Himmel schliesslich ist schlicht und einfach ein anderer Ausdruck für Gott. Gott ist überall.

Als der Russe Gagarin am 12. April 1961 als erster Mensch in einer Weltraumkapsel die Erde umkreiste, teilte er den Erdbewohnern mit, er habe da oben nicht die geringste Spur von einem Thron Gottes gesehen. Mit seinem Weltraumflug sei der Glaube an Gott endgültig erledigt. Ich war damals als junger Bibelschmuggler tätig und habe mehrmals russische Bibeln in die Sowjetunion eingeschleust. Schade, dass Gagarin keine meiner geschmuggelten Bibeln im Weltraum dabeihatte. Die Widerlegung seiner spöttischen Rede, die in Radio und Fernsehen weltweit zu hören war, ist in Psalm 139 zu finden.

Gott, stiege ich hinauf in den Himmel, so bist du dort. Schlüge ich mein Lager in der Unterwelt auf – auch da bist du. Nähme ich Flügel der Morgenröte und liesse mich nieder zuäusserst am Meer, so würde auch dort deine Hand mich greifen und deine Rechte mich fassen. (Ps. 139,8-10)

Ganz anderes als Gagarin reagierte der Amerikaner Neil Armstrong, als er am 6. Mai 1968 als erster Mensch den Mond betrat. Er fühlte sich von Gott, der den ganzen Kosmos durchdringt, so überwältigt, dass er auf dem Mond beschloss, nach seiner Rückkehr zur Erde Theologie zu studieren und Pastor zu werden. Vielleicht hat Armstrong auf dem Mond den ganz anderen Himmel betreten, den dritten Himmel, den Himmel Gottes, den auch Paulus betreten hatte. Paulus sagt ausdrücklich, dass er im dritten Himmel war – bei Gott.

Ich weiss nicht, bei welcher Gelegenheit Paulus den dritten Himmel erlebt hat. Aber ich weiss, dass es für eine Beschreibung dieser Erfahrung keine Worte gibt. War es eine Nahtoderfahrung? Einmal wurde er gesteinigt. Man liess ihn liegen in der Meinung, er sei tot. Ein andermal befand er sich auf einem Schiff, das im Sturm unterging. Die Wellen trieben ihn auf die Insel Malta. Oder hat er das Unaussprechliche in einer Gebetsekstase erlebt? Jedenfalls hat er hinter den Vorhang geblickt, der unser Leben hier und jetzt vom Leben in der anderen Dimension trennt. Er hatte einen Vorgeschmack davon, wie das Leben nach dem Tod sein wird.

Du sollst dir kein Bildnis machen

Wie sollen wir uns das Leben nach dem Tod vorstellen? Am besten überhaupt nicht. Du sollst dir kein Bildnis machen, steht in den zehn Geboten nicht ohne Grund. Eine Raupe kann sich ein Leben als Schmetterling nicht vorstellen. Ein menschlicher Embryo weiss nichts vom Leben ausserhalb des Mutterleibs. Doch Neugier, Forscherdrang, Bilder und Vorstellungen gehören nun einmal zu unserem Menschsein. Die Bibel selber gibt uns Bilder sowohl von Gott als auch vom Leben nach dem Tod. Doch das sind immer nur provisorische Bilder. Sie drücken etwas von der grossen Wirklichkeit aus, aber sie sind nie die Wirklichkeit selber.

Die Bibel spricht von Gott als einem mächtigen König. Doch wer würde ernsthaft glauben, dass Gott buchstäblich auf einem Thron sitzt? Das wichtigste Gebet der Christenheit ist das Vaterunser. Gott als Vater ist ein wunderbares Bild, aber eben nur ein Bild. Er ist auch Mutter – und gleichzeitig weder Vater noch Mutter. Für wissenschaftlich geprägte Menschen ist Gott Energie. Da fühlen sich sogar Atheisten angesprochen. Doch wenn ich mich nur an das Bild der Energie halte, verliere ich das göttliche Du. Gott ist Licht. Das spricht viele an. Es ist ein biblisches Bild für Gott, aber auch für das Leben nach dem Tod.

Bilder können allerdings auch Missverständnisse auslösen. Was um Himmels willen fangen wir deutschsprachigen Menschen mit der Jenseitsbezeichnung Himmel an? Die Englischsprachigen haben es besser. Sie haben für Himmel zwei Wörter. Flugzeuge steigen auf in den Sky, aber sie kommen nicht in den Himmel. Heaven ist der religiöse Himmel. Das himmlische Jerusalem – auch das ein biblisches Bild – eignet sich wunderbar für Künstler wie Marc Chagall, doch der Himmel ist keine Stadt aus Silber, Gold und Edelsteinen, in der wir nach dem Tod herumspazieren. Das Jenseits ist nicht ein Jenseits im Sinne eines Anderswo. Himmel und Erde, Himmel und Kosmos, Himmel und die zahlreichen Universen sind ein und dieselbe Wirklichkeit, nur in einer anderen Erfahrung. In den Worten des Mystikers und Liederdichters Angelus Silesius (1624-1677):

Halt an, wo läufst du hin? Der Himmel ist in dir.
Suchst du Gott anderswo, du fehlst ihn für und für.
Er kann nicht über mir,
Ich unter ihm nicht sein.

Was sagen Menschen, die schon einmal einen Besuch im Himmel gemacht haben oder – je nach Sprachgebrauch – vorübergehend schon im Licht waren? Darüber können Sterbeforscher einiges berichten. Es existieren viele Publikationen.

Auf Erstaunliches stösst man auch beim Studium von Berichten grosser Heiliger. Wenn die Heilige Theresa von Avila (1515-1582) im Gebet in ekstatischen Zustand verfiel, begann – so wird berichtet – ihr Körper zu schweben. Dasselbe wird von einem italienischen Priester bezeugt, dem Heiligen Joseph von Copertino (1603-1663). Das Phänomen der Levitation, während der italienische Priester die Messe las, wurde sogar von Kritikern protokolliert. Die katholische Kirche war gar nicht begeistert; sie setzte den aussergewöhnlichen Mann unter Hausarrest, um seine Flüge zu unterbinden.

Während der Levitation wähnen sich die Heiligen im Himmel. Nach ihren Besuchen im Himmel pflegte Theresa von Avila vor Heimweh nach der ewigen Heimat tagelang zu weinen. Hildegard von Bingen (1098-1179) schreibt: «Als ich vierzig Jahre und sieben Monate alt war, kam vom geöffneten Himmel feuriges Licht von höchstem Glanz, durchgoss mein ganzes Gehirn, entzündete mein ganzes Herz und meine ganze Brust wie mit einer Flamme, die jedoch nicht brannte, sondern nur erwärmte, so wie die Sonne einen Gegenstand erwärmt, auf den sie ihre Strahlen sendet.» Und die Heilige Katharina von Genua (1448-1510) jauchzt bei ihrem Himmelsbesuch: «Ich kann bloss sagen: Wenn nur ein Tropfen von dem, was ich fühle, in die Hölle fallen würde, die

Hölle würde in ein Paradies verwandelt.» Auch Dostojewski (1821-1881) sagt vom Himmel: «Es gibt Sekunden, es mögen fünf bis sechs im ganzen sein, da fühlt man plötzlich das Dasein der vollkommenen ewigen Harmonie. Das ist eine solche Freude, dass kein Mensch es eine Sekunde länger in seiner irdischen Gestalt aushalten könnte. Er müsste sich physisch verändern oder sterben. In diesen Sekunden durchlebt er das ganze Leben, das er in diesem Augenblick mit Freuden für diese fünf Sekunden hingeben würde. Das ist sogar höher als Liebe.»

Was diese Heiligen, Mystiker und Dichter erlebten, deckt sich mit der Erfahrung des Apostels Paulus bei seiner Entrückung in den dritten Himmel, von der wir gelesen haben. Paulus und die Heiligen haben Unsagbares erlebt. Ihre Berichte lesen sich wie ein Stammeln, es fehlen ihnen die Worte. Der Apostel wurde in das Paradies entrückt und hörte «unaussprechliche Worte, die ein Mensch nicht sagen kann».

Solche Erfahrungen gibt es auch heute, sei es als Nahtoderfahrung, in Gebetstrance, bei einer dramatischen Bekehrung oder bei der Erfahrung, welche Pfingstler und Charismatiker «Taufe im Heiligen Geist» nennen. Um die Taufe im Heiligen Geist ging es auch in unseren charismatischen Seminaren in der reformierten Heimstätte Gwatt, die heute nicht mehr im Besitz der Kirche ist. Diejenigen, die es erleben, stammeln von unaussprechlicher Liebe, die sie erlebt haben. In der Theologie nennt man die Erfahrung solcher Liebe *Frui Deo*, das Geniessen Gottes. Zu unseren charismatischen Pfarrerseminaren kamen u. a. Pfarrerinnen, Pfarrer, Priester und freikirchliche Prediger, die kurz davor standen, aus ihrem Beruf auszusteigen. Die Enttäuschungen, die sie erlebt hatten, waren unerträglich geworden. Wenn das Wunder der Taufe im Heiligen Geist in unseren Seminaren geschah, flossen Tränen und erklangen Freudenschreie. Die Betreffenden erzählten immer wieder, sie hätten den Eindruck gehabt, vor Freude sterben zu müssen. Sie hatten das *Frui Deo* erlebt, Gott genossen. Mit neuem Mut gingen sie an die Arbeit.

Die Bewegung der charismatischen Erneuerung war besonders wirkungsvoll in der anglikanischen Kirche. Mehrere bekannte amerikanische, australische und afrikanische Bischöfe hatten die Taufe im Heiligen Geist und das *Frui Deo* erlebt. Wenn sie in der Schweiz waren, stellte ich sie dem Berner Synodalrat vor. Die Gespräche mit den Bischöfen waren immer sehr fruchtbar. Sie führten dazu, dass der Berner Synodalrat sowohl die Gwatter Seminare als auch mein internationales Engagement unterstützte und mir einen nicht weiter definierten zeitlichen Freiraum aus meiner pfarramtlichen Tätigkeit bei gleichbleibendem Lohn zur Verfügung stellte.

Das Geniessen Gottes spielt auch im Westminster Katechismus von 1646/47 in Grossbritannien eine grosse Rolle. In England ist die Hauptkirche anglikanisch, in Schottland reformiert. Im Westminster Katechismus haben englische und schottische Theologen die beiden Kirchen miteinander verbunden. Einen Punkt aus dem Westminster Katechismus will ich herausgreifen. Der Katechismus fragt: Was sagen unsere Kirchen über den Sinn des menschlichen Lebens? Wozu ist der Mensch da?

What is the chief end of man?

Man's chief end is to glorify God, and to enjoy him forever.

(Das Hauptziel des Menschen ist es, Gott zu verherrlichen und ihn in alle Ewigkeit zu geniessen.)

Mit Erneuerungen ist es oft wie mit den Gezeiten des Meeres: Auf die Ebbe folgt die Flut und auf die Flut wieder die Ebbe. Die charismatische Erneuerung brach wie eine Flut über die Kirche in Europa herein. In der Schweiz war der Höhepunkt der grosse internationale charismatische Kongress 1990 in Bern mit Tausenden von Teilnehmenden. Auf die Schweiz hatte der Kongress weniger Auswirkungen als auf die Christen in Italien und in Polen. Selbst nach Jahren noch wurde ich auf der Strasse von italienischen und polnischen Touristen angesprochen, die sich an mich erinnerten und mir erzählten, was nach dem Berner Kongress in den Kirchen ihrer Länder alles entstanden war.

Wegbereiter

Durch die charismatische Erneuerung lernte ich aussergewöhnliche Persönlichkeiten kennen. Einige von ihnen möchte ich hier besonders erwähnen.

Mr. Pentecost – Herr Pfingsten

Eigentlich hiess er David du Plessis. Er hatte hugenottische Vorfahren und stammte aus Südafrika, wirkte jedoch von den Vereinigten Staaten aus. In den katholischen, der anglikanischen und der evangelischen Kirche hatte man längst staunend wahrgenommen, dass die pfingstlichen Freikirchen, die man damals abschätzig Sekten nannte, ein stürmisches Wachstum verzeichneten. Man nannte sie neben dem Katholizismus und Protestantismus «die dritte Kraft». Was war ihr Geheimnis?

Es war gar nicht so einfach, dieses Geheimnis kennenzulernen, denn Kirchen und Pfingstler standen einander feindlich gegenüber. Für die Kirchen waren die Pfingstler verrückte Fundamentalisten, für die Pfingstler waren die Kirchenleute Ungläubige. In Südamerika verliessen Katholiken ihre Kirche zu Zehntausenden und schlossen sich den Pfingstlern an. Dörfer mit grossen Alkoholikerproblemen traten geschlossen zu den Pfingstlern über. Die Neugläubigen rührten keinen Tropfen Alkohol mehr an. Der Einfluss der Pfingstler unter der armen Bevölkerung war so segensreich, dass Chile einen arbeitsfreien Tag des Dankes an die evangelischen Kirchen einführte, der jedes Jahr gefeiert wird. Der Priestermangel hingegen ist in Südamerika erschreckend. Ich war in Peru und in Bolivien in abgelegenen Berg- und Regenwalddörfern, wo nur alle paar Monate ein Priester in der schönen Dorfkirche eine Messe liest. Die Dorfbewohner versammeln sich stattdessen in schlichten Pfingstlerversammlungshäusern.

Wie also konnten die feindlichen Geschwister zusammenfinden? Das geschah durch Mr. Pentecost. Eines Tages weckte ihn eine göttliche Stimme mit dem Ruf: «God has no grandchildren.» Stunden später sass er im Flugzeug neben einem anglikanischen

Priester. Die beiden kamen miteinander ins Gespräch. Der Anglikaner bekannte, wie schwer ihm die Arbeit falle in einer Kirche, die, abgesehen von ein paar treuen alten Frauen, am Sonntag leer sei. «Warum gelingt es mir nicht, die Jungen anzusprechen?», klagte er. «God has no grandchildren», sagte ihm David du Plessis. Es entwickelte sich ein Gespräch über erkaltete Traditionen und frischen, lebendigen, Wunder wirkenden Glauben. Der anglikanische Priester war nach der Flugreise ein neuer Mensch. Er lud David du Plessis zu Vorträgen ein. Der Erfolg war gross. David du Plessis wurde ein Referent, der in vielen historischen Kirchen ein gern gesehener Gast wurde. Er wurde auch vom Papst zu Gesprächen empfangen. Ich lud Mr. Pentecost mehrmals an unsere Pfarrerseminare ein und blieb nach seinem Tod mit seiner Frau weiterhin freundschaftlich verbunden.

Michael Harper

Auch der englische anglikanische Priester Michael Harper hatte sich durch Mr. Pentecost dem Pfingstgeist geöffnet. Michael Harper hat durch die charismatische Erneuerung sowohl die anglikanische Kirche geprägt als auch der weltweiten pfingstlichen Bewegung ein neues Gesicht gegeben. Er vereinigte das Anglikanisch-Liturgische mit dem Freiheitlich-Pfingstlichen. Das freie, feurige Pfingstliche verbunden mit einer erhabenen Liturgie begeisterte den trockenen unliturgischen Reformierten, der ich war, und veränderte meine Gottesdienste. Auch Michael Harper lud ich mehrmals als Referent in die Schweiz ein. Später konvertierte Michael Harper zur Orthodoxie und wurde aramäisch-orthodoxer Priester.

David Watson

David Watson wurde in einer sterbenden anglikanischen Kirche im nordenglischen York als «Lichtlösch-Priester» eingesetzt. Seine Aufgabe wäre es eigentlich gewesen, die Restgemeinde in eine andere anglikanische Pfarrei zu überführen. Doch anstatt in dieser Kirche das Licht zu löschen, zündete er das Licht neu an. Als ich in dieser Kirche ein- und ausging, war der Andrang so gross, dass die Gottesdienste in Räume ausserhalb der Kirche übertragen werden mussten.

Michael Harper hatte das Charismatische mit dem Liturgischen verbunden, David Watson verband das Charismatisch-Liturgische mit Tanz und Drama. Ein Team von Mitarbeitenden baute während des feierlichen anglikanischen Gottesdienstes in Minutenschnelle, ohne den Ablauf zu stören, eine Bühne auf. Der grosse Lobpreis wurde begleitet von Tänzerinnen, jede Bewegung ein Ausdruck der Heiligkeit Gottes. Das gesungene Sanctus der Gemeinde floss über in ein Singen im Geiste, das sich wie ein Klangteppich ausbreitete. Walter Hollenweger nennt dieses Zungensingen eine Klangkathedrale.

David Watsons Einfluss auf meine Frau und mich ist bis auf den heutigen Tag erkennbar. Meine Frau ist eine aktive Teilnehmerin an meditativen Tanzveranstaltungen. Mir selber liegen Drama und Schauspielerei näher. In meinen Gottesdiensten kann nicht nur im Osterlachen der Tod besiegt werden, es kann auch schon mal der drohende Riese Goliath, getroffen von einem Stein des kleinen David, von der Leiter fallen. Die Bibel weckt wie kein anderes Buch den Schauspieler in mir. Ich lud David Watson mit seiner Tanz- und Dramagruppe mehrmals an unser Gwatter Seminar ein. Bewegend war sein letzter Auftritt an unserem Seminar. Eigentlich hatte er die Reise in die Schweiz bereits abgesagt, da er annahm, bis zu diesem Zeitpunkt seinem Krebsleiden erlegen zu sein. Gott verlängerte jedoch seine Tage, und so kam David trotzdem. Seine Predigten und Vorträge wirkten wie ein Vorgeschmack auf das nähere Zusammensein mit Christus, dem er entgegenging. Er besprach mit uns in bewegender Weise Psalm 16, den Predigttext für seine Beerdigung. «Ich will bis zu meinem letzten Atemzug für meinen Herrn tätig sein», war seine Devise. Jeden Abend beteten wir mit ihm um Kraft und Leben, darum, dass er am nächsten Tag den nächsten Vortrag noch halten dürfe. «Diese Gebete heilen mich nicht, doch ohne sie würde ich die nächste Nacht nicht überleben», war er überzeugt. Kurz nach seiner Rückkehr nach England starb er.

Erzbischof Milingo

Ich lerne den Erzbischof in Singapur kennen. Es war an einem Sonntag. Meine Frau und ich hatten beschlossen, in derjenigen Kirche in den Gottesdienst zu gehen, die unserem Hotel am nächsten lag. Es war eine bescheidene kleine Baptistenkirche. Meine Frau und ich waren nicht die einzigen Ausländer. Hinter uns sass ein fröhlich aussehender Afrikaner. Die Ausländer wurden zu Beginn des Gottesdienstes freundlich begrüsst. Wir mussten aufstehen und kurz etwas sagen. Die Baptisten freuten sich: «Ein Pastor aus der Schweiz und seine Frau.» Es gab Applaus. Dann stand der fröhliche Afrikaner auf. «Ich bringe Ihnen Grüsse von den Christen in Sambia, dem früheren Rhodesien, falls Sie diesen Namen besser kennen. Wir haben lebendige Gemeinden, zu denen Schwarze und Weisse gehören. Versöhnung ist eine besondere Gabe, die wir Christen der Welt bringen.» – «Das freut uns, lieber Bruder im Herrn. Sie sind wahrscheinlich auch Pastor?» – «Ja, so etwas Ähnliches», meinte der schlichte Bruder im Herrn, «ich bin katholischer Erzbischof.» Es wurde totenstill. Man hätte eine Nadel zu Boden fallen hören. Dann, nach fünf Sekunden, brach ein derart tosendes Halleluja und Händeklatschen aus, dass Kanzel und Wände zitterten.

Im Vatikan würde wegen dieses Bruders im Herrn wohl nicht applaudiert. Milingo war ein äusserst unartiger Erzbischof. Nicht nur besuchte er unangemeldet wie ein gewöhnliches Gemeindeglied evangelische Gottesdienste und ging zum Abendmahl. Er konnte auch in wütenden Ansprachen den Zölibatzwang der katholischen Priester geisseln. Im Jahr 2001 heiratete er eine Koreanerin, worauf die katholische Kirche ihren Erzbischof in den Laienstand zurückversetzte.

Benson Idahosa

Auch er ein Bischof, doch nicht ein römisch-katholischer, sondern ein Bischof einer vom ihm selbst gegründeten Pfingstkirche, einer der grössten Kirchen in Nigeria. Ihn habe ich nicht persönlich gekannt, aber eine Predigt von ihm gehört. Seiner Predigt in London lauschten andächtig namhafte Persönlichkeiten der englischen Kirchen. Der Prediger bedauerte die Müdigkeit der alt gewordenen europäischen Kirche. «Werdet wieder jung und frisch», forderte er uns auf, «macht es so wie ich, setzt nur Männer als Pastoren ein, die beweisen können, dass sie schon einmal einen Toten auferweckt haben. Dann werden eure Kirchen wieder leben.» Er selber habe noch nicht sehr viele Tote auferweckt, meinte er bescheiden, nur achtundzwanzig.

Man mag über Totenauferweckungen denken, wie man will, aber Idahosa war ein aussergewöhnlicher Mann. Als kleines Kind war er so schwach, dass sein Vater ihn kurzerhand auf den Müll warf. Die Mutter holte ihn zurück. Bereits als Jüngling schloss er sich den Christen an und begann auch gleich zu predigen, ohne lesen und schreiben zu können. Die Bildung holte er jedoch selber nach, ging anschliessend in die Vereinigten Staaten und studierte Theologie. In Benin gründete er eine Universität, die nach seinem Tod seinen Namen trägt. Es gibt Europäer und Amerikaner, die an diese Universität gehen, um Theologie zu studieren.

Der Prophet Severo
Im Haus meiner Strassenkinder in Cusco in Peru gehen viele evangelikale Christen ein und aus. Bei ihnen hörte ich von diesem Propheten zum ersten Mal. Severo war in der Regenwaldstadt Segunda so etwas wie Alcalde (Bürgermeister) und geistlicher Leiter in einer Person. Die Stadt heisst eigentlich Segunda Jerusalén, zweites Jerusalem, doch weil dieser Name und vor allem die Geschichte dieser Stadt sogar für die nach wie vor sehr religiösen und wunderglaubigen Peruaner etwas peinlich Seltsames ist, schreiben die Behörden Segunda.

Zweites Jerusalem heisst die Stadt, weil sie im Gegensatz zu dem von Unfrieden und Konflikten umtobten ersten Jerusalem eine Stadt des Friedens sein will. Segunda ist ein riesiges Dorf von Biobauern und Steinbrucharbeitern. Den Ausdruck «Biobauern» gab es zu Beginn des einundzwanzigsten Jahrhunderts in der spanischen Sprache noch nicht. Doch der Sache nach waren die Bewohner von Segunda Biobauern, selbst die, die vor ihrem Umzug ins zweite Jerusalem gar nicht Bauern gewesen waren. Wie die ursprünglichen Städter unfruchtbares Land in fruchtbares Land zu verwandeln hatten und wie der Anbau ohne Düngemittel zu geschehen hatte, wurde ihnen durch Prophetie mitgeteilt. Es gibt in Segunda weder Bars noch Diskos, weder Kinos noch Hotels. Wer in Segunda eine Unterkunft sucht, muss bei einer Einwohnerfamilie wohnen. Die Leute haben weder Mobiltelefone noch Festnetzanschlüsse. Die Stadt besitzt im Zentralhaus ein einziges Telefon. Meldet sich dort ein Gast, erschallt die Mitteilung per Lautsprecher über die ganze Stadt. Wer sich auf diesen Aufruf zuerst meldet, beherbergt den Gast. Die Türen der Häuser bleiben Tag und Nacht unverschlossen. Das zweite Jerusalem ist eine Stadt ohne Verbrechen. Wird ein Einwohner fehlbar, wird die Sache prophetisch aufgedeckt. Der Schuldige wird vor die christliche Gemeinde zitiert, bekennt seine Schuld, empfängt Vergebung und wird wieder in die Gemeinschaft aufgenommen. Aus diesem Grunde gibt es nicht einmal eine Polizeistation. Das Herzstück von Segunda ist eine riesengrosse Pfingstkirche, die wie ein Hangar aussieht und gut tausend bis tausendfünfhundert Personen fasst.

Segunda wurde gegründet, weil sieben Männer in Tingo Maria im Departement Huanuco in monatelangem regelmässigem Gebet Gott versprochen hatten, seinen Willen zu tun, was immer auch seine Pläne sein würden. Am 25. Februar 1974 teilte Gott ihnen mit, sie sollten sich mit ihren Familien auf den Weg machen in das Land, das er ihnen zeigen werde. Die Männer und ihre Familien brachen auf, Väter, Mütter, Grosseltern, ledige Tanten und viele Kinder. Der erste Halt auf dem Weg ins Unbekannte war der kleine Flugplatz in Rioja. Gott hiess sie im Flughafengebäude warten, um auf die andern zu warten und sich mit diesen zu vereinigen. Ich habe Kopien von Zeitungsausschnitten gelesen: Die Behörden waren grosszügig und liessen das fromme

Häuflein im Flughafengebäude übernachten. Sie sorgten sogar für die Verpflegung dieser «Verrückten». Wenn man davon ausgeht, dass jede Familie aus mindestens zehn Personen bestand, ergibt sich eine ansehnliche Schar von immerhin siebzig Menschen. Als kurz darauf eine zweite Gruppe im Flughafengebäude eintraf, die von der ersten Gruppe nichts gewusst hatte, aber aufgrund derselben göttlichen Weisung losgezogen war, hatten die Behörden ein Problem. Sie mussten nun an die zweihundert Personen verpflegen. Auch einzelne Personen tauchten auf, per Flugzeug, per Bus oder zu Fuss, aus Gegenden am Meer, aus den Anden und aus dem Regenwald, Indios und Menschen spanischer oder italienischer Abstammung, alle mit der Behauptung, von Gott losgeschickt worden zu sein. Wiederum berichteten die Zeitungen darüber und wunderten sich. Die seltsame Versammlung erhielt nach einigen Tagen die göttliche Aufforderung, in der Nähe von Rioja nach dem Haus von Tomàs Pachamora Devila zu fragen, den Gott beauftragt habe, eine Mahlzeit für viele Personen zuzubereiten. Existierte überhaupt eine Person mit diesem Namen? Sie existierte, und als die Gruppe eintraf, war die Mahlzeit bereit. Während des Essens wurde Tomàs Pachamora Devila von Gott zum Leiter der Gruppe erkoren. Er hiess nun Prophet Severo, wörtlich Prophet Streng. Der Prophet führte nun seinerseits mit seiner Familie die fromme Schar zu Fuss vom Rand in die Tiefe des Regenwaldes hinein. Nach einigen Tagemärschen warf er auf Geheiss Gottes den Wanderstab vor sich hin mit den Worten: «Dort, wo er hinfällt, bauen wir den Tempel Gottes, 100 Meter lang, 20 Meter breit.» Gleichzeitig zeigte er auf den nahen Berg und sagte: «In diesem Berg liegt unser Reichtum.» Der Berg dient heute als Steinbruch und direkt neben dem Tempel – damals Urwald – führt die Strasse nach Lima. Die zweihundert Leute machten sich an die Arbeit. Sie bauten Häuser, fällten Bäume und legten Felder an. Das Wunder sprach sich herum. Weitere Menschen siedelten sich an dem prophetischen Ort an. Heute hat Segunda an die zehntausend Gott lobende, betende und singende Einwohner unterschiedlicher Rassenzugehörigkeit. Radios und

Fernsehen sind unbekannt. Und dennoch hört man aus den Häusern Musik und Gesang. Einige Ohrwürmer klingen mir noch heute in den Ohren: «Mira que lindo, que lindo es el señor» (Schaut doch, wie lieblich der Herr ist). «Ohrwürmer» soll nicht etwa negativ verstanden werden. Die Frauen und Männer singen in den Häusern, auf den Feldern und im Steinbruch. Die Kinder tummeln sich singend auf den Strassen. So etwas rührt die Herzen an. Singen geht für sie genauso natürlich wie atmen. Neunundneunzig Prozent der Einwohner sind Pfingstler. Für die kleine katholische Minderheit besteht eine kleine Kapelle. Die Regenwaldurbevölkerung in der nahen und weiteren Umgebung schloss sich der Tempelgemeinde an. Das zweite Jerusalem ist Hauptort eines grossen Walddistrikts.

Es gibt Menschen, die sammeln Bierdeckel, Krippenfiguren oder Marken, ich sammle christliche Gemeinden. Zu meiner Sammlung gehören Jesus People, russische Baptisten, Punkchristen und Amische. Ich wollte die Prophetenstadt unbedingt kennen lernen. Das Team der Verantwortlichen für meine Strassenkinder half mit bei der Planung der Reise. Sie meldeten mich bei den Gastgebern an und halfen mir bei der Festlegung der Route: Flug nach Tarapoto, mit Sammeltaxi nach Tingo Maria, umsteigen in ein anderes Sammeltaxi nach Rioja, von dort ein Anruf nach Segunda Jerusalén.

Ich machte mich auf den Weg. Göttliche Ereignisse ereigneten sich bereits nach meiner Landung in Tarapoto. Peruaner sind überaus neugierig. Schon nach wenigen Sekunden wusste der Chauffeur meines Rikscha-Motorradtaxis, der mich ins Hotel fahren sollte, dass ich Pastor bin. «Das ist gut», fand er, «in diesem Fall fahren wir zuerst zu meinem kranken Töchterchen im Krankenhaus. Alicia ist schwer krank, sie braucht dringend Gebet.» Wir fuhren also ins Spital. Natürlich konnte ich in dem grossen Saal mit den vielen Kindern nicht nur mit Alicia beten. Ich ging von Bett zu Bett, betete und legte die Hände auf. Die Krankenschwestern waren begeistert. Sie führten mich in weitere

Zimmer, auch zu Erwachsenen. Auch für die folgenden zwei Tage hatte mein Chauffeur weitere Tätigkeiten geplant. Am ersten Tag fuhren wir mit vielen Rikschas mit seiner ganzen Verwandtschaft in die Berge zu einem Picknick. Am zweiten Tag unterrichtete ich in einer Schule Englisch, anschliessend ging es per Rikscha in ein Radiostudio. Ich musste über die Schweiz berichten – in meinem gestotterten Spanisch. Am Schluss der Sendung forderte mich der Moderator zu einem Gebet für die Hörerinnen und Hörer auf.

Sammeltaxi für Tingo Maria liess sich keines finden. Ausser mir wollte offenbar niemand nach Tingo Maria. Also fuhr mich mein Rikschafreund am dritten Tag direkt nach Rioja. Von dort telefonierte ich nach Segunda. Wenige Stunden später tauchten Ciro und Gladys, meine Gastgeber, mit dem Auto auf und brachten mich in die heilige Stadt.

Gladys ist indigener Abstammung; sie lebte mit ihren Eltern in den Anden. Ciros Vorfahren waren aus Italien eingewandert. Die beiden lernten sich auf der prophetischen Wanderung an den unbekannten Ort im Regenwald kennen. Also war die Sache mit der Weisung Gottes «Zieht aus in das Land, das ich euch zeigen werden» kein Mythos. Die beiden hatten das selber erlebt.

Mir war klar, in Segunda würde ich auf einiges stossen, das mir als Schweizer unmöglich erscheinen musste. Was war wohl mit Gladys Goldzahn? In Cusco hatte man mir erzählt, in Segunda komme es vor, dass Gott als Antwort auf Gebete Goldzähne einsetze. Gladys Goldzahn blitzte mich auffordernd an. Schliesslich wagte ich die Frage: «Gladys, wie bist du zu deinem Goldzahn gekommen?» Gladys sollte sich in den folgenden Tagen noch oft als eine Seelenverwandte erweisen, die genau wie ich gerne schauspielert und lacht. Sie blickte mich mit grossem Ernst an: «Oh, ihr rationalistischen Europäer, die ihr nicht an Wunder glauben könnt! Wie gut, dass du zu uns gekommen bist.» Auf einmal schüttelte es sie vor Lachen. «Ob du es glaubst oder nicht, dieser Goldzahn ist vom Zahnarzt!»

54

Zum Abendessen war ich beim Propheten und seiner Frau eingeladen, einem freundlichen alten Ehepaar. Der Prophet zeigte auf seinen Goldzahn. «Ebenfalls vom Zahnarzt», lachte er. Er kannte also meine Goldzahngeschichte bereits. «Magst du Hugo», fragte die Frau? «Ich habe Hugo noch nicht kennen gelernt», erwiderte ich. Beide lachten. «Jugo ist Fruchtsaft auf Spanisch.» Es war ein fröhlicher Abend. Der Prophet war keineswegs so streng, wie der Name Severo hatte befürchten lassen. Aber ein Prophet war er. «Ich wusste, dass du kommen würdest», sprach er. «Das hat dank des Lautsprechers die ganze Stadt gewusst», lachte ich. «Aber am Lautsprecher ist nicht gesagt worden, dass du am Samstagabend predigen wirst.» Ich war entsetzt. «Ich soll predigen? Mit meinem Spanisch?» – «Der Herr hat mir gesagt, dass du gern und gut predigst und anders, als wir es gewohnt sind. Zudem weiss ich, dass du schon mehrmals in peruanischen Gefängnissen gepredigt hast.» Woher wusste er das? «Ja, in Kirchen und Gefängnissen», bekannte ich,» aber auf Englisch mit Übersetzer. Doch hier spricht niemand Englisch.» – «Der Herr und das Wörterbuch werden dir bei der Vorbereitung helfen.» – «Und warum am Samstagabend?», fragte ich aus lauter Verlegenheit dümmlich. «Weil am Samstagabend mehr Leute im Gottesdienst sind als am Sonntagmorgen. Ich will, dass dich viele hören. Am Sonntagmorgen sind es nur etwa tausend.»

Es war Donnerstagabend. Ich hatte den ganzen Freitag und einen Teil des Samstags, um mich vorzubereiten. Gleich nach dem Frühstück und einem ausgiebigen Morgengebet der Gastgeber machte ich mich an die Arbeit. In der Familienandacht konnte ich bei «Mira que lindo, que lindo es el señor» bereits mithalten.

Mira que lindo, que lindo es el señor	*Seht, wie lieblich der Herr ist*
Nadie igual a su belleza	*Keiner kommt seiner Schönheit gleich.*
Nadie igual a su amor	*Keiner kommt seiner Liebe gleich*
Nadie igual a lo él hace	*Keiner kommt seinem Tun gleich*
Porque lo que él hace, lo hace por amor	*Denn alles, was er tut, tut er aus Liebe.*

Es stand mir jedoch nicht der ganze Freitag zur Verfügung. Nach dem üblichen Regenwald-Morgengewitter schien die Sonne; es wurde heiss. Und da tauchten diese munteren Buben und Mädchen auf. «Gladys, kommt der Pastor aus der Schweiz mit uns spielen?» – «Die Kinder haben etwas Besonderes vor», ermutigte mich meine Gastgeberin. «Hast du eine Badehose dabei?» Ich zog die Badehose an und ging zu den Kindern hinaus. Sie hatten aufblasbare Gummireifen mitgenommen. Wir zogen in Badehosen durch Jerusalem, vorbei an freundlich winkenden Menschen, vorbei am Tempel, überquerten die Hauptstrasse, ein kurzes Stück bergauf durch den Regenwald. Und dann stand ich vor dem Wasserwunder. Aus der Felswand schoss ein grosser Strom. «Dieses Wasser ist Tausende von Metern durch Felsen geflossen, es ist keimfrei und trinkbar», erklärten die Kinder, «aber wir benutzen es, um auf den Gummireifen talabwärts zu treiben, bis die Fahrt in einem kleinen See endet.» Ich liess mir zeigen, was ich zu machen hatte, setzte mich in einen der Reifen, nahm den kleinsten Buben zwischen meine Knie – und hui! sausten dreissig Kinder und ein Schweizer Pastor unter Jubelgeschrei, Halleluja und «Mira que lindo» in die Tiefe. Mit einem Platsch landeten wir in dem einladend blauen stillen kleinen See. Sofort auf dem Fussweg wieder hoch zu den Felsen und noch einmal in die Tiefe, und noch einmal, und noch einmal. Die Luft war heiss, das Wasser aus dem Felsen und im See eiskalt. Es war herrlich. Ein Donnergrollen erinnerte uns schliesslich daran, dass das Mittagsgewitter unterwegs war. Wir eilten in das zweite Jerusalem zurück.

Waren es die Kinder, die Sausefahrt auf dem Fluss, das zum Trinken herrliche Wasser, das Singen der Bewohner des peruanischen Jerusalem oder war es der Heilige Geist, jedenfalls kam ich mit der Vorbereitung der Predigt gut voran. Ich war zu Besuch bei einer Gemeinde, die völlig anders war als alles, was ich je gesehen hatte. Ähnlich war es wohl der Gemeinde im ersten Jerusalem ergangen, als sich das Werk Gottes unter den Heiden ausbreitete. In Jerusalem war man misstrauisch. Sie schickten Barnabas, damit er schaue, was da los sei. Diese Geschichte war mein Predigttext:

Als Barnabas hinkam und die Gnade Gottes sah, freute er sich.
(Apg. 11,23)

Bereits das Eintreffen der Gottesdienstbesucher war ein Erlebnis. Segunda Jerusalén ist zwar eine Pfingstkirche, doch die Männer, Frauen und Kinder betreten die grosse Kirche in katholisch heiliger Stille. Sie knien sich beim Betreten der Kirche eine Minute still hin, bevor sie weiterschreiten. Der Gottesdienst beginnt mit Lied und Gebet. Dann wird mit lautem Rufen der ganzen Gemeinde, also von weit über tausend Menschen, der Teufel verjagt: «Fuera – raus!» Es folgen Bibellesungen und Gesänge. Die Leute haben ihre Bibel dabei und lesen ganz laut mit. Die Lesungen dienen der Alphabetisierung. Das meistgelesene Buch in Peru ist die Bibel, nicht nur in Segunda Jerusalén. Das ist der Einfluss der Evangelikalen auf ganz Südamerika. Oft sieht man in Südamerika in Geschäften die Angestellten, wenn gerade keine Kundschaft da ist, in der Bibel lesen. Auf die Bibellesungen folgt eine lange Zeit von Alabanza (Anbetung), das Geniessen Gottes. Nach der Alabanza gibt es Sorpresas (Überraschungen). An «meinem» Samstag war als Sorpresa eine neue Familie zugewandert. Es wurde ganz praktisch organisiert, welche Gemeindeglieder ihnen helfen würden, ein Haus und einen Acker zu übernehmen. Die Gemeinde baut ständig Häuser für den nicht abreissenden Strom von Menschen, denen der Herr befiehlt, aufzubrechen in das Land, das er ihnen zeigen wird. Allerdings wissen mittlerweile alle, wo dieses neue Land ist und wie die Stadt heisst. In meinem Samstagsgottesdienst wurden die Neuen durch den Propheten unter Handauflegung in die Gemeinde aufgenommen. Der Gottesdienst hatte bereits zwei Stunden gedauert. Einige Gottesdienstbesucher waren eingeschlafen. Männer mit langen Stäben stiegen über die Bänke und weckten die Schläfer mit einem sanften Stockstoss an die Schultern. Nun wurde ich vorgestellt. «Wir haben einen Mann in unserer Mitte, der ganz anders predigen wird, als ihr es gewohnt seid», sprach der Prophet. «Er wird nicht prophezeien. Er wird eine Predigt halten, deren Wert darin besteht, dass sie logisch ist.»

Ich hielt meine Barnabas-Predigt. Ich meine, dass sie durchaus logisch war. Ich erklärte die Schwierigkeiten zwischen den beiden urchristlichen Gemeinden und zog eine Parallele zu den Spaltungen in unserer Zeit. Können wir es uns in der heutigen Zeit überhaupt noch leisten, getrennte Christen zu sein? Ich erwähnte die Dankbarkeit, die wir füreinander haben dürfen. Einige Sätze unterstrich ich mit Liedern. Das «Mira que lindo, que lindo» hatte ich bereits sehr lieb gewonnen. Die über tausend Menschen sangen jubelnd mit, als ich es anstimmte. Spontan – und hoffentlich immer noch logisch – fielen mir spanische Taizé-Gesänge ein sowie Lieder, die ich bei meinen Einsätzen bei den Strassenkindern gelernt hatte. Diese Lieder kannte meine Samstaggemeinde nicht, sie sangen sie entzückt mit. Mit meinem langsamen Spanisch dauerte meine Predigt vierzig Minuten. «Viel zu kurz», befand der Prophet. Es folgte ein weiterer Gottesdienstteil.

Zwischen der Leitertribüne und den Bänken im Hangartempel liegt ein grosser freier Raum. Nach meiner Predigt drängten sich viele in diesen freien Raum, vor allem Frauen und Kinder. Die Musik spielte, die Frauen und Kinder tanzten. Wenn die Musik stoppte, tanzten sie im selben Takt weiter. Es waren nur die Füsse zu hören. Tack, tack, tack. Und dann begannen einige Frauen zu prophezeien. Ich durfte fotografieren. Die Kinder wurden von den Stabmännern in die Bänke zurückgetrieben. «Dürfen Kinder nicht prophezeien?», fragte ich den Propheten. «Doch, das dürfen sie», lachte er, «aber heute sind sie nur nach vorn gekommen, weil du da bist. Sie wollen nicht prophezeien, sondern von dir fotografiert werden. Prophetie ist das Hauptmerkmal unserer Kirche», erklärte er. «Vor den Prophetien haben unsere Leute mehr Angst als vor einer Polizei. Diebstahl, Ehebruch oder was auch immer wird bei uns durch Prophetie aufgedeckt. Deshalb brauchen wir in unserer Stadt keine Polizei.»

Der Gottesdienst dauerte vier Stunden! Eine erstaunliche Gemeinde – völlig anders als alles, was wir kennen. Bei uns strömen die Menschen nicht mehr – oder noch nicht – zu Tausenden in den Gottesdienst. Es entstehen weder Quartiere noch Kirchen durch Prophetie. In den Gottesdiensten werden keine Diebstähle aufgedeckt. Es ist nie ein Polizist zu mir gekommen, um sich durch den Heiligen Geist einen Mörder zeigen zu lassen. Aber die Polizei setzt sich für Aufklärung von Verbrechen mit medial begabten Männern und Frauen in Verbindung – auch bei uns in der Schweiz. Es gibt sehr viel mehr Dinge zwischen Himmel und Erde, als was unser bisschen Verstand verstehen kann.

Als Barnabas die Gnade Gottes sah, freute er sich.

Was nicht sein darf, gibt es nicht

Früher war es die Kirche, welche naturwissenschaftliche Erkenntnisse, die nicht in ihr Glaubens- und Weltbild passten, als Hirngespinste verhöhnte oder gar als gefährliche Lehren verurteilte, obwohl es meistens ausgerechnet Theologen und Priester gewesen waren, welche die bahnbrechenden wissenschaftlichen Entdeckungen gemacht hatten. Heute sind es umgekehrt die Naturwissenschaftler, welche nun ihrerseits spirituelle Erfahrungen verhöhnen oder verurteilen. Doch auch hier – wie damals bei der Kirche – nicht in jedem Fall. Es gibt Naturwissenschaftler, die in Sachen Spiritualität sogar kompetenter sind als Theologen.

Wir wollen einen Blick auf beide Entwicklungen werfen, auf die Kirche des sechzehnten und siebzehnten Jahrhunderts, welche wissenschaftliche Entwicklungen förderte und gleichzeitig verhinderte, und auf die heutige Wissenschaft, welche geistliche Erfahrungen sowohl ablehnt als auch fördert.

Es ist eine historische Tatsache, dass Wissenschaft und Technik auf dem Boden des Christentums entstanden sind – durch das Christentum und trotz des Christentums. Zur Zeit des Kopernikus (1473-1543) war es eine Selbstverständlichkeit, dass die Sonne sich um die Erde drehte und nicht umgekehrt. Dass es die Sonne war, die sich bewegte, war schliesslich erlebbare Erfahrung, am Himmel deutlich zu sehen. Als der Domherr, Arzt und Astronom Nikolaus Kopernikus im Fürstentum Ermland öffentlich das Gegenteil behauptete, wurde er von der Kirche nicht angeklagt, sondern schlicht und einfach ausgelacht. Seine Theorien galten als Hirngespinst. Allerdings war Kopernikus klug genug, seine Theorien erst kurz vor seinem Tod im Druck im Umlauf zu setzen, sonst wäre er vielleicht doch noch verurteilt worden. Giordano Bruno, Priester, Dichter, und Philosoph (1548-1600), hatte weniger Glück und endete auf dem Scheiterhaufen. Mit einer sanfteren Verurteilung wurde dagegen etwas später Galileo Galilei bedacht. Zwei Mitglieder des Inquisitionsgerichts weigerten sich sogar, ihre Unterschrift unter das Urteil zu setzen. Galileo Galilei wurde lediglich zu Hausarrest verurteilt. Bereits vor seiner Erfindung gab es Vorläufer des Fernrohrs, doch das eigentliche, echt brauchbare Fernrohr geht auf ihn zurück. Er forderte seine Richter vergeblich auf, sich mit einem Blick durch das Fernrohr selber von der Echtheit seiner Theorien zu überzeugen. Mit Hilfe des Fernrohrs liess sich beweisen, dass die Erde sich um die Sonne drehte, nicht die Sonne um die Erde. Die Richter weigerten sich jedoch, Gebrauch von dem komischen Instrument zu machen. Sie hatten solches nicht nötig, sie wussten es besser als dieser Apparat. Was nicht sein durfte, gab es einfach nicht. Die Sonne hatte sich weiterhin um die Welt zu drehen. Galileo musste widerrufen.

Heute ist es die Wissenschaft, welche die spirituellen Erfahrungen als Hirngespinste abtut, obwohl auch hier nicht alle ihre Unterschrift daruntersetzen. Es gibt namhafte Wissenschaftler, vor allem in der Quantenphysik, welche sehr offen sind für spirituelle Erfahrungen. Der Quantenphysiker Hans-Peter Dürr tritt den Beweis an: Das Primäre ist der Geist, Materie ist geronnener Geist.

Richard Dawkins dagegen, Evolutionsbiologe und militanter Atheist, gibt sich völlig unbeeindruckt von den Aussagen der Quantenphysiker. Diese Missachtung der Erkenntnisse der Quantenphysiker entspricht genau der Weigerung der Inquisitionsrichter, in das Fernrohr Galileo Galileis zu blicken. In seinem Buch «Der Gotteswahn» bezeichnet Dawkins spirituelle Erfahrungen als Wahnsinn und Religion als Krankheit. Er kann und will nicht durch das geistliche Fernrohr blicken. Dieselbe Weigerung findet sich bei dem Neurobiologen Vilayanur Ramachandran, Professor für Psychologie an der Universität San Diego (USA). Er zweifelt zwar nicht daran, dass der Apostel Paulus durch ein spirituelles Erlebnis von einem militanten Feind des Christentums zum Völkerapostel wurde und dass ohne ihn das Christentum nie seinen Siegeszug angetreten hätte, doch erklärt er die spirituellen Erlebnisse des Apostels als Auswirkungen epileptischer Anfälle. Andere ähnliche Wissenschaftler sind der Auffassung, dass die Bekehrung des Paulus durch den Einschlag eines magnetischen Energiefeldes ausgelöst wurde. Für diese Wissenschaftler gilt: Was nicht sein darf, gibt es nicht. Eine im Grunde genommen völlig unwissenschaftliche Haltung.

Was nicht sein darf, gibt es eben doch

Das Nachtodfernrohr, durch das eine Mehrheit nach wie vor nicht blicken will, besteht aus Veröffentlichungen von Männern und Frauen, von denen nicht wenige an Universitäten unterrichten. Vor fünfzig Jahren gab es abgesehen von der USA-Schweizerin Elisabeth Kübler-Ross, Ärztin und Psychiaterin (1926-2004), kaum wissenschaftliche Literatur über Nahtoderfahrungen. Elisabeth Kübler-Ross gilt als die eigentliche Begründerin der modernen Sterbeforschung. Heute sind die entsprechenden Veröffentlichungen fast unüberschaubar geworden. Es gibt internationale Kongresse, die sich mit diesen Themen befassen. In Bern fand im Jahr 2008 im Museum für Kommunikation eine Ausstellung statt, die sich mit Kontaktmöglichkeiten mit dem Jenseits befasste. Insgesamt ein beachtliches Fernrohr also, durch welches viele immer noch nicht schauen wollen.

Mit der Theorie des Ganztodes bis zur Auferweckung durch Posaunenschall am jüngsten Tag hätte Elisabeth Kübler-Ross sicher nichts anfangen können. Durch ihre Untersuchungen kam sie zum Schluss, dass sich im Tod die Seele oder der Geist oder wie auch immer man das Bewusstsein nennen will, das den Menschen ausmacht, vom Körper löst. Die USA-Schweizerin hat Hunderte von Berichten über Nahtoderfahrungen untersucht. Menschen, die reanimiert wurden, konnten ausserhalb ihres Körpers die Reanimationsvorgänge beobachten; sie waren sogar in der Lage, Gespräche wiederzugeben, welche die Ärzte miteinander geführt hatten. Die Sterbeforscher gehen davon aus, dass das menschliche Bewusstsein und somit auch Nahtoderfahrungen nicht an die Hirntätigkeit gebunden sind.

Aus der Fülle der Literatur möchte ich lediglich zwei Namen aus dem deutschsprachigen Raum herausgreifen.

Markolf Niemz ist Physiker und hat seit 2000 einen Lehrstuhl für Medizintechnik/Biomedical Engineering an der Ruprecht-Karls-

Universität Heidelberg. Er setzt sich intensiv mit Sterbeforschung und Nahtoderfahrungen auseinander. Er versucht Physik, Mystik und Religion miteinander in Verbindung zu bringen. 2005 wurde er mit seinem Wissenschaftsroman «Lucy mit c» einem breiten Publikum bekannt. «Lucy mit c» ist ein allgemein verständliches Sachbuch, romanhaft spannend geschrieben. C ist in der Physik die Konstante für die Ausbreitungsgeschwindigkeit von Licht und elektromagnetischen Strahlen. Der Name Lucy kommt von Lux, Licht. Für viele Zeitgenossen, die mit dem Namen Gott nichts anfangen können, ist Gott Licht. Das ist ihre Sprache. Auf heutigen Todesanzeigen kann man oft lesen: «Sie ist zurückgekehrt ins Licht.» Gott als Licht ist nicht unbiblisch. Im Johannesevangelium bezeichnet sich Jesus als das Licht der Welt (Joh. 8,12). Im Buch von Markolf Niemz lernen die Leser einiges über Licht, Zeit und Raum. Lucy ist eine Person, mit der die Leser in ein Gespräch gezogen werden. Lucy lädt uns ein zu einer Weltraumfahrt und spricht mit uns auch über die Seele, die nach dem Tod Lichtform hat und sich wie Licht verhält. Als Wissenschaftler hat Markolf Niemz mehrere Auszeichnungen bekommen. Er ist ein beliebter Gast in Talkshows.

Bernard Jakoby, geboren 1977, bekennender Christ, lehrt in Berlin. Er gilt als der Experte für Sterbeforschung im deutschsprachigen Raum. Er hat zahlreiche Bücher geschrieben; erwähnt sei hier das 2016 erschienene Buch «Das Tor zum Himmel». Jakoby setzt sich sowohl mit Nahtod- als auch mit Nachtoderfahrungen auseinander. Für ihn gilt als bewiesen, dass sich im Tod Leib und Seele trennen. Das Bewusstsein, das die Menschen in ihrem Leben in Raum und Zeit hatten, bleibt nach dem Tod bestehen. Es ist unabhängig von der Gehirntätigkeit. Jakoby hat Hunderte von Berichten von Männern und Frauen untersucht, die als Medien arbeiten. Diese Medien wussten aus der Begegnung mit Verstorbenen über Dinge ihrer Ratsuchenden Bescheid, die sie unmöglich selber gewusst haben konnten und auch nicht durch faule Tricks aus den Ratsuchenden herausgelockt hatten. Jakoby berichtet von einem Mann, dessen Seele während einer Operation aus dem Körper austrat. Seine Seele befand sich auf einer belebten Strasse. Sie wurde Zeugin eines Verkehrsunfalls mit Fahrerflucht. Sie merkte sich die Autonummer des Flüchtenden. Nach der Operation meldete der Patient die Nummer der Polizei. Der Schuldige konnte aufgrund dieses Hinweises gefasst werden.

Einen Seeelenflug erlebte auch C. G. Jung, der Begründer der analytischen Psychologie. 1944 erlitt er einen Herzinfarkt. Er schreibt: «Es schien mir, als befände ich mich hoch oben im Weltraum. Weit unter mir sah ich die Erdkugel in herrlich blaues Licht getaucht. Ich sah das blaue Meer und die Kontinente. (...) Mein Blick umfasste nicht die ganze Erde, aber ihre Kugelgestalt war deutlich erkennbar, und ihre Konturen schimmerten silbern durch das wunderbare blaue Licht. (...) Ich wusste, dass ich im Begriffe war, von der Erde wegzugehen.» (Auiela Jaffé, Erinnerungen, Träume, Gedanken von C. G. Jung) Der bekannte Seelenforscher konnte unmöglich bereits existierende Bilder vom Aussehen der Erde vom Weltall aus in seinem Hirn gespeichert haben, denn solche Aufnahmen entstanden erst achtzehn Jahre später durch den amerikanischen Astronauten John Glenn. Jung hatte also etwas gesehen, was man 1944 noch gar nicht sehen konnte.

So etwas wie einen Seelen-Weltraumflug habe auch ich erlebt. Mir sind die Bilder des blauen Planeten allerdings vertraut; sie sind in meinem Gehirn gespeichert und abrufbar. Mein Seelenflug fand in Peru statt. Ich engagierte mich jahrelang bei den Strassenkindern in Cusco auf 3600 Metern über Meer. Ich besuchte sie regelmässig, taufte die im Heim neu Aufgenommenen und half ihnen bei ihrem Start in ein besseres Leben. Mit dem Sauerstoffmangel auf der grossen Höhe hatte ich in den ersten Tagen nach meiner Ankunft in Cusco jedes Mal zu kämpfen. 2015 war es besonders schlimm. Ich hörte einen lauten Knall. Das war, als ich das Bewusstsein verlor und auf dem Boden aufschlug. Mit dem Knall fühlte ich mich in den Weltraum hinausgeschleudert. Ich erinnere mich an die unglaubliche Geschwindigkeit, an die Kälte, die mir aber nichts ausmachte, sowie an die Tiefe der Finsternis. Ich gewahrte Lichtpunkte, sah die blaue Erdkugel. Die tiefe Schwärze war durchsetzt von leuchtenden Sternen, die auf einmal auf mich herabzutropfen schienen. Die Tropfen verwandelten sich in leuchtende Engel, die Engel in die Gesichter meiner Strassenkinder, und dann hörte ich erleichterte Stimmen rufen: «Er lebt noch.» Das war mein letzter Besuch in Peru. Die Ärztin warnte mich vor weiteren Reisen in die Anden. Ich unterstütze die Strassenkinder jedoch weiterhin von der Schweiz aus.

Die Erfahrung, dass sich Seele und Leib vorübergehend trennen können, tritt jedoch nicht nur bei Menschen auf, die ohnmächtig werden oder dem Tod nahe sind oder klinisch bereits tot waren, aber durch Reanimation wieder in das Leben in Raum und Zeit zurückgeholt wurden. Menschen in abgelegenen Gegenden, welche von der technisierten Zivilisation noch kaum berührt sind, haben die Fähigkeit, ihre Seele bewusst aus dem Leib austreten zu lassen.

1972 hielt ich mich einige Wochen in einem Urwalddorf auf der Insel Borneo auf. Bevor diese Urwaldbewohner Christen wurden, waren sie Kopfjäger gewesen. Im Falle von kriegerischen Auseinandersetzungen mit anderen Stämmen pflegten ihre Väter den Feinden die Köpfe abzuschlagen. Sie liessen diese Köpfe schrumpfen und stellten sie in ihren Behausungen aus. Ich habe selber noch solche Köpfe gesehen. Auf meiner Heimreise hatte ich auf dem Flug zwischen Singapur und Europa einen interessanten Sitznachbarn, einen Helikopterpiloten, der für den Strassenbau im Urwald tätig gewesen war, zwar ebenfalls auf Borneo, aber nicht bei Kopfjägern, sondern bei Menschenfressern. Das hört sich wohl unheimlich an, doch diese Urwaldmenschen sind liebevolle Mitmenschen. Sie leben selbst heute noch in spirituellen Dimensionen, die wir Zivilisierten und Technisierten weitgehend verloren haben. Mein Sitznachbar erzählte, wie es ihn geradezu beleidigt habe, dass die ehemaligen Menschenfresser sich für seine

Maschine und seine Flüge nicht im Geringsten zu interessieren schienen. Selbst als er den Häuptling bewegen konnte, mit ihm einen Flug zu unternehmen, habe sich dieser im Helikopter so verhalten, als ob Fliegen eine Selbstverständlichkeit sei. Nach der Landung habe der Häuptling ihn eingeladen, nun seinerseits mit ihm zu fliegen. Mein Sitznachbar glaubte zunächst, sich verhört zu haben, doch der Häuptling liess nicht locker. Der Helikopterpilot musste sich auf den Boden legen. Eine Öllampe, die an einem Draht befestigt war, wurde angezündet. Frauen stimmten einen monotonen Gesang an, während der Häuptling die Lampe über seinen Fluggast pendeln liess. «Wo ist die Lampe, über dir oder unter dir?», fragte der der Häuptling singend. «Über mir.» – «Wo ist die Lampe?» – «Über mir.» Und immer wieder: «Wo ist die Lampe?» – «Über mir.» Und dann auf einmal: «Unter mir.» Die Seele des Helikopterpiloten stieg immer höher, über die Bäume hinaus, das Dorf war nicht mehr zu sehen, sie schwebte über dem Fluss, wo gerade ein Boot mit Fischern landete. Nach einigen Drehungen kehrte sie zu dem Dorf zurück. Der Helikopterpilot hörte wieder die Stimmen der Frauen und des Häuptlings. «Wo ist die Lampe?» – «Über mir.» Die Seele war gelandet. Der Helikopterpilot war verwirrt und benommen. Das konnte doch nicht Wirklichkeit gewesen sein?! Eine Art Hypnose vielleicht, welche die Erinnerung an die Landschaft aktiviert hatte, die er ja von seinen Helikopterflügen bestens kannte? Doch seine Zweifel verflogen, als auf der Waldlichtung die Fischer mit den Netzen voller Fische auftauchten. Es waren genau die Fischer, die er auf seinem Seelenflug gesehen hatte.

Es gibt möglicherweise Leserinnen und Leser, die einen Beinahe-Seelenflug erlebt haben, die Erfahrung einer Zwei-Personalität. Ich selber habe eine solche Erfahrung gemacht. Die Bergpension Obersteinberg hoch über dem hinteren Lauterbrunnental am Fusse des Tschingelhorngletschers kann nur zu Fuss erreicht werden. Sie ist eines der Sommerziele, das meine Frau und ich jahrelang aufsuchten. 2010 wählten wir für den Aufstieg eine uns noch unvertraute Route. Diese war bedeutend steiler als der Pfad, auf

dem wir sonst wanderten. Es war ein heisser Tag, ich hatte nur
wenig getrunken. Ich wunderte mich, wie mühelos und schnell
ich aufsteigen konnte. Ich genoss das rasche Ausschreiten. Doch
offenbar machte mein Körper nicht mit. Auf einmal geschah
etwas Seltsames. Ich teilte mich in zwei Personen. Die eine Person
wollte lieber noch schneller gehen als zuvor; es war als ob sie flö-
ge. Sie befand sich in einem geistlichen Hoch, sie vernahm Lieder
der Communauté de Taizé, vor allem immer wieder «In manus
tuas pater commendo spiritum meum – Vater, in deine Hände
befehle ich meinen Geist.» Die andere Person dagegen fühlte sich
sterbenselend, sie litt an Atemnot und Brechreiz und der Darm
entleerte sich in die Hose. «Ich muss mich auf dem schmalen
Weg ein bisschen hinlegen und mich erholen», sagte die leidende
Person zu meiner Frau. Vreni war entsetzt. «Du kannst dich hier
nicht niederlegen. Der Weg an diesem Abgrund vorbei ist zu
schmal, doch dort in fünfzig Metern ist ein Bänklein.»

Meine beiden Personen bewegten sich auf dieses Bänklein zu, die
eine Person fliegend, begleitet von geistlicher Musik, die andere
wankend, nach Luft ringend, mit Kacke in der Hose. Beide Personen liessen sich auf das Bänklein sinken, und dann gab es nur
noch die Wohlfühlperson mit der Musik. Ich war ohnmächtig
geworden. Die Musik hörte auf, als meine Frau mich mit Tät-
scheln beider Wangen aus der Bewusstlosigkeit holte. Jetzt war
ich nur noch die verkackte, leidende Person. Jemand fächelte mir
Luft zu. Irgendetwas wie Coca Cola befeuchtete meine Lippen,
und dann hörte ich einen Helikopter kommen. Aus der Luft
schwebte an einem Seil eine Gestalt in seltsamen Anzug und mit
Helm auf dem Kopf herab. «Sie sehen unheimlich aus», brachte
ich unter grosser Anstrengung hervor und versuchte ein Lächeln.
«Ist es so besser?», grinste die Gestalt und nahm den Helm vom
Kopf. «Wie heissen Sie? Wann haben Sie Geburtstag? Was haben
wir für einen Wochentag?» Aha, das war ein Arzt. «Wenn Sie
mich nach dem Namen unserer Bundespräsidentin fragen, kann
ich Ihnen den nicht sagen», murmelte ich, «aber ihre Vorgängerin
hiess Micheline Calmy-Rey.» – «Die heutige Bundespräsidentin

ist auch nicht viel besser», lachte der Arzt. Und dann zu meiner Frau: «Also Hirnschlag hat er keinen, doch Ihr Mann hat einen Kreislaufzusammenbruch, wir müssen ihn ins Spital fliegen.» Er machte mir eine Injektion. Danach konnte ich wieder einigermassen atmen, der Brechreiz verschwand, doch die Kacke in der Hose blieb und auch die Erschöpfung. In dem steilen Gelände konnte der Helikopter nicht landen. Ich wurde wie ein Paket zusammengeschnürt und dann ging es an einem Seil in die Luft. Festgeschnallt, auf dem Rücken liegend, konnte ich nicht nach unten blicken. Hätte ich das tun können, wäre mir sicher vor Schreck nebst der Kacke auch das Herz in die Hose gesunken, doch ich konnte nur nach oben blicken. Ich sah die herrliche Gletscherwelt über mir und dachte: «Eigentlich wäre es schön, so sterben zu können, mit einem letzten Blick auf die leuchtenden Gletscher.» Doch ich starb nicht. Ich war auch nicht dem Tod nahe gewesen, aber ich hatte mich in einem Ausnahmezustand befunden. Meine Seele hatte den Leib nicht verlassen, aber ich war zwei Personen gewesen. Die Person mit dem geistlichen Hoch und der Musik war die Seele gewesen, die leidende Person war mit dem Körper. Ich werde die Gefühle der beiden Personen nie vergessen.

Hätte ich die Zweipersonhaftigkeit zwanzig Jahre früher erlebt, hätte ich den Angehörigen einer sterbenden Frau besser erklären können, was ihre Mutter sterbend erlebte. Die Frau befand sich trotz Schmerzmitteln in furchtbarer Agonie, sie sank ins Koma, kam wieder zurück und vermochte sogar zu sprechen. Ich war aus der Winterkälte in das Sterbezimmer gekommen. Als ich die Sterbende sanft berührte, öffnete diese die Augen und sprach: «Herr Pfarrer, Sie haben ja ganz kalte Hände», und dann sagte sie zur Verwunderung aller: «Bis jetzt ist alles gut gegangen, hoffentlich gibt es nicht plötzlich noch einen Todeskampf.» Ich reichte den Angehörigen das Abendmahl. Der Sterbenden berührte ich sachte die Lippen mit meinen Fingern, die ich in den Abendmahlswein getaucht hatte. Da öffnete die alte Mutter noch einmal die Augen und sagte: «Jetzt bin ich in einem schönen Land gewesen. Ich kann gar nicht beschreiben, was für wunderbaren Wein die dort haben; mir fehlen die Worte.» Ein weiteres Mal fiel sie ins Koma, kam jedoch noch einmal zurück und stammelte: «Ich war in einer wunderbaren Seelandschaft, ich bin fischen gegangen.» Die Angehörigen waren bewegt: «Mutter ist immer mit Papa fischen gegangen», erklärten sie. Von aussen gesehen befand sich die Sterbende in einem Todeskampf, doch die Seele spürte den Körper bereits nicht mehr. Die Seele genoss kostbaren Wein und war am Fischen.

Eine andere Frau berichtete noch auf ihrem Sterbebett von wunderbaren Spaziergängen an der Aare. Meine Bemerkung, dass es mit ihr jetzt bald so weit sei, dass sie gehen dürfe, liess sie nicht gelten. «Ich kann dieses Bett verlassen», beteuerte sie, «ich gehe täglich an die Aare, doch sagen Sie mir, Herr Pfarrer, wer ist die sympathische junge Frau, die mir an der Aare den Frühling zeigt, die knospenden Büsche und Blumen?» «Frau K.», sagte ich, «das sind Sie selber, Sie sind dem künftigen Leben bereits näher als dem Leben hier und jetzt. Sie sind sich selber begegnet.» Da lächelte die Sterbende und meinte: «Ach so, darum also ist mir die junge Frau so bekannt vorgekommen, eigentlich klar, wenn ich das doch selber bin.»

Den Schüler Markus hatte ich vor seinem beinahe tödlich verlaufenen Unfall nicht gekannt. Auch seine Mutter lernte ich erst kennen, als sie in ihrer Not zu mir kam. Nach dem ersten Gespräch begleitete ich sie ins Krankenhaus. Ihr Sohn war in der Intensivstation und lag im Koma. Ich betete und sang an seinem Bett. Ich tat das tagelang, allein oder mit den Eltern, den Grosseltern und seiner Schwester. Einmal, als ich mich von ihm verabschiedete, sagte der im Koma Liegende laut und deutlich: «Auf Wiedersehen, Herr Pfarrer.» Die Ärzte, die wir riefen, schüttelten den Kopf: «So etwas gibt es nicht.» Die Mutter protestierte: «Mein Sohn hat das laut und deutlich gesagt.» Nach drei Wochen erwachte Markus. Er erkannte tagelang weder seine Klassenkameraden noch den Lehrer, jedoch alle, die ihn auf der Intensivstation umgeben hatten. Zu mir sagte er bei seiner ersten Wachbegegnung: «Ach, da bist du ja, du bist oft da gewesen, du hast immer gesungen. Danke, dass du mich ins Leben zurückgerufen hast.»

Die am besten bezeugte Totenerscheinung der Welt

Die wohl revolutionärste Wendung in der Geschichte der Menschheit geht auf die Erscheinung eines Toten zurück; seine Erscheinung wirkte derart einschneidend, dass man seither von einer Zeit vor und einer Zeit nach Christus spricht.

Als Christ zögere ich zwar, die dramatischen Ereignisse rings um Kreuzigung und Auferstehung einfach «die Erscheinung eines Toten» zu nennen. Ich spreche lieber von der Begegnung mit dem lebendigen Christus. Doch da ich mich auch an rationalistische Menschen wenden möchte, für welche das Wort Auferstehung ein Buch mit sieben Siegeln ist, gebrauche ich den Ausdruck Totenerscheinung. Man muss Menschen auch sprachlich dort abholen, wo sie eben sind. Selbst unter Rationalisten spricht es sich allmählich herum, dass mit dem Tod möglicherweise nicht alles aus ist. Vielleicht öffnet sich mit dem Begriff «Totenerscheinungen» und mit all den Büchern und Talkshows über Nachtoderfahrungen auch ihnen ein Zugang zu einem Verständnis für den Glauben an die Auferstehung Christi.

Für die Jünger Jesu war eine Auferstehung etwas, das es schlechterdings nicht geben durfte. Oder wenn schon, dann höchstens am Ende aller Zeiten. In den ältesten Teilen der hebräischen Bibel gibt es weder ein Leben nach dem Tod noch eine Auferstehung. Erst im Danielbuch ist klar von Auferstehung die Rede. Zur Zeit Jesu gab es zwei Glaubensrichtungen: Die traditionell Gläubigen, die Sadduzäer, die auch den Hohepriester stellten, lehnten den Glauben an ein Leben nach dem Tod ab. Die Pharisäer hingegen glaubten an ein ewiges Leben im Sinn einer Auferstehung am jüngsten Tag beim Schall der Posaune. Der Apostel Paulus gehörte zur Gruppe der Pharisäer.

Auch der Glaube Jesu war pharisäisch geprägt, doch unterschied sich Jesus in vielen Punkten gründlich von den erstarrten herkömmlichen Auffassungen sowohl der Pharisäer als auch der Sadduzäer. In seinen Predigten konnte er sagen: *Ihr habt gehört, dass zu den Alten gesagt wurde ..., ich aber sage euch ...* Im Blick auf den Tod versuchte er den Jüngern immer wieder beizubringen, dass mit dem Sterben nicht alles aus sei. Er kündigte ihnen sein Erscheinen nach dem Tod an. Für den Glauben der Jünger, welcher zwischen Sadduzäismus und Pharisäismus hin und her schwankte, blieben seine Ankündigungen völlig unverständlich. Dagegen waren sie felsenfest überzeugt, dass Jesus der Messias sei. Messias ist der hebräische Ausdruck für das griechische Wort Christus. Beides meint den zum König gesalbten mächtigen Herrscher, welcher nach allgemeiner Auffassung die fremden Unterdrücker – sprich die Römer – siegreich aus dem Land vertreiben würde, sodass das jüdische Volk zu einer davidischen Grossmacht aufsteigen würde. Könige würden dem Messias huldigen, zu seinem Sitz auf dem Berg Zion pilgern und ihm Geschenke zu Füssen legen. Die Jünger selber würden als Minister zu seiner Rechten und Linken sitzen (Mt. 20,21). Doch solche Absichten hatte Jesus nie gehabt. Er verkündigte die Feindesliebe, er versuchte nie, die Römer aus dem Land zu werfen. Dennoch wurde ihm genau das vorgeworfen. Widerstandslos liess er sich von der Tempelpolizei gefangen nehmen und an die Römer ausliefern. Er wurde des Hochverrats gegen das römische Reich angeklagt und hingerichtet. Ein klarer Justizmord. Mit seiner Hinrichtung verloren die Jünger nicht nur ihren geliebten Herrn und Meister, sondern auch den Glauben, dass Jesus der Messias hätte sein können. Der Tod am Kreuz galt im Judentum als Zeichen des Ausgeschlossen-Seins vom Heil. Ein gekreuzigter Jesus, verurteilt von Gott und Menschen, konnte nicht der Messias gewesen sein. Die Katastrophe Kreuz war die schlechteste Voraussetzung, die verzweifelten Ex-Anhänger zu bewegen, unter Einsatz des Lebens die Botschaft von der siegreichen Liebe in die Welt zu tragen. Menschlich gesprochen hätte es das Christentum gar nie geben dürfen.

Was für ein Ereignis hatte den am Boden zerstörten Jüngern Glauben und Mut zurückgegeben? Nur eine Begegnung mit dem Auferstandenen konnte so etwas bewirken. Und die Auferstehung Jesu war denn auch die Botschaft, die sie verkündeten.

Frauen waren die ersten, welche eine Begegnung mit dem Auferstandenen hatten. Jedem Bibelleser fällt auf, dass sie nicht zum Grab gingen, um einen Auferstandenen zu sehen, sondern um ein Totenritual zu vollziehen: Sie wollten den Leichnam salben. Statt auf den Leichnam stiessen sie jedoch auf den Lebendigen. Das war so total unerwartet, dass sie sich zunächst gar nicht freuten, sondern fürchteten. Für die Jünger waren ihre Berichte hysterisches Weibergeschwätz (Lk. 24,11), bis von einer Minute auf die andere alles anders wurde: Sie befanden sich aus Angst vor der Polizei in einem geheimen, gut verriegelten Raum, und auf einmal stand Jesus da. Thomas, der bei den ersten Begegnungen nicht dabei war, glaubte weder den Frauen noch den Männern, bis auch ihm Jesus erschien. Diese Berichte klingen nicht nach einem Mythos, sie klingen nach einer Menschen verändernden, echten Erfahrung. Aus einem Grüpplein von zu Tode Verängstigten wurde eine Schar von Todesmutigen, die ihr Leben aufs Spiel setzten, um mit der Sache dieses Christus weiterzufahren.

Den Klang der Echtheit hat auch das Verhalten der Herkunftsfamilie Jesu. Vor der Auferstehung glaubte seine Familie nicht an ihren Sohn und Bruder. Maria und ihre jüngeren Söhne wollten seine seltsame Tätigkeit sogar unterbinden. Sie versuchten ihn nach Hause zurückzuholen, weil er in ihren Augen verrückt geworden war (Mk. 3,21, Mt. 12,46). Ihr Unglaube lässt die Weihnachtsgeschichte als Mythos erscheinen. Mutter Maria konnte doch wohl nicht im wörtlichen Sinn die jungfräuliche Geburt samt Hirten, Engeln und Sterndeutern aus dem Morgenland erlebt haben und anschliessend die Tätigkeit Jesu voller Unglauben als Zeichen von Verrücktheit deuten. Mythologisch bleibt Maria für mich jedoch die Jungfrau. Dem Geheimnis Gottes können wir uns immer nur jungfräulich nähern. Mythos ist der

Versuch, etwas auszudrücken, das man mit gewöhnlichen Worten nicht sagen kann. Ich liebe die Weihnachtsgeschichte. Ich bin froh, dass sie auf diese unhistorische Weise in der Bibel steht. Historisch dagegen, und menschlich fassbar, ist der Unglaube der Angehörigen. Zusammen mit ganz Nazareth fragten sie sich: «Was bildet sich dieser Sohn und Bruder überhaupt ein, wer er sei?» (Mk. 6,1ff.) Und wenn es weiterhin von ihm hiesse, er sei der Messias, würde er, wie so viele andere Möchte-Gern-Messiasse und Terroristen von den Römern verhaftet und gekreuzigt werden. Ausgerechnet nach der Kreuzigung aber glaubten diese ungläubigen Angehörigen plötzlich an Christus. Warum auf einmal? Sie waren dem Auferstandenen begegnet. Der Bruder Jesu, Jakobus, wurde ein leitendes Mitglied der ersten Gemeinde.

Eine Leben verändernde Begegnung mit dem Auferstandenen, die aus dem gefährlichsten Feind des Christentums den Völkerapostel machte, hatte auch Paulus. Als gründlicher Denker durchforschte er kritisch alle Auferstehungsberichte. In 1. Korinther 15,6 schreibt er, dass nach der Kreuzigung der Auferstandene von mehr als fünfhundert Personen gesehen wurde, von denen zur Zeit der Abfassung seines Briefes die meisten noch lebten und also befragt werden könnten.

Echt wirken auf mich auch die Berichte vom leeren Grab. Es gibt Ereignisse, in denen sich die vier Evangelien zu widersprechen scheinen. Beim Grab jedoch sind sich alle vier einig: Das Grab war leer. Eigentlich hätte es für die Römer und Tempelbehörden ein Leichtes sein müssen, den Glauben der ersten Christen an die Auferstehung zu zerstören. Sie hätten sie nur zu seinem Leichnam führen müssen. Das hätten sie auch noch so gerne getan, doch das Grab war leer.

Für mich ist nicht unbedeutend, dass auch der Evangelist Markus vom leeren Grab spricht. Die Ausleger sind sich einig darin, dass Markus das älteste und ursprünglichste Evangelium ist. Es steht daher den historischen Ereignissen rings um die Person Jesu am nächsten. Die Ausleger sind sich ebenfalls einig, dass Markus den

Verfassern des Matthäus- und des Lukasevangeliums als Vorlage diente, dass diesen aber noch weitere Quellen zur Verfügung standen, die Markus nicht kannte. Die Evangelien Markus, Matthäus und Lukas werden die synoptischen Evangelien genannt, auf Deutsch: gemeinsame Schau. Das Johannesevangelium hat eine eigene Schau. In Markus 14,51 ist von einem Jüngling die Rede, der nicht zu der Jüngerschar gehörte, sich jedoch für Jesus interessierte. Wahrscheinlich war er das Kind der Gastgeberfamilie, in der Jesus das letzte Abendmahl feierte. Jedenfalls schlich er insgeheim Jesus und den Jüngern nach, als diese in den Garten Gethsemane gingen. Da die Eltern ihr Kind offenbar bereits schlafen gelegt hatten, war der Bub nur mit einem Tuch bedeckt. In dieses Tuch gewickelt beobachtete er aus einem Gebüsch die Verhaftung Jesu. Ein Soldat entdeckte ihn und griff nach ihm, doch der Bub liess sich aus dem Tuch gleiten und entwischte nackt (Mk. 14,51). Von diesem Nackedei-Detail konnte niemand wissen als der betreffende Jüngling persönlich. Nach alter Überlieferung ist er der Verfasser des Markusevangeliums, der Neffe von Barnabas, der Paulus und Barnabas eine Zeitlang auf ihrer ersten Missionsreise begleitete (Apg. 12,25).

Die Auferstehung Jesu ist nicht nur die am besten bezeugte Erscheinung eines Toten, sondern sie ist auch von einer völlig anderen Qualität als andere Erscheinungen. Das Neue Testament spricht von leiblicher Auferstehung, nicht einfach von Visionen. Wurde da ein Naturgesetz aufgehoben? Hebt Gott seine eigenen Gesetze auf? Doch wohl kaum. Ob da die Quantenphysik eine Hilfe bieten kann? Für die Quantenphysik ist das Primäre der Geist. Materie ist geronnener Geist. Könnte demnach der auferstandene Leib Jesu so etwas wie in Geist verdunstete Materie sein? Für Quantenphysiker müsste jedenfalls Johannes 20,7-8 interessant sein: Zwei Jünger, Petrus und Johannes, kommen zur offenen Grabeshöhle. Johannes ist der jüngere der beiden, fast noch ein Kind. Er bleibt zunächst draussen stehen und gibt dem älteren Petrus den Vorrang. Petrus betritt das Grab. Er sieht Tücher da liegen – nach wie vor zusammengewickelt. Er versteht das nicht. Wie in aller Welt ist es möglich, dass die Tücher, in die der Leichnam eingewickelt worden war, nach wie vor zusammengewickelt, jedoch leer sind? Petrus schüttelt den Kopf. Nach ihm betritt auch Johannes die Grabkammer. Auch er sieht Tücher, dieselben Tücher – und glaubt! Warum das? Was haben leere Tücher mit dem Glauben an den Auferstandenen zu tun? Als mir beim Nachdenken über diesen Text aufging, warum Johannes beim Blick auf die zusammengewickelten, aber leeren Tücher glaubte, war ich zutiefst ergriffen: Johannes glaubt, weil er versteht; er versteht, dass die Tücher nur bei einer Verdunstung des Leibes zusammengewickelt, aber leer bleiben können. Ich bekam Herzklopfen. Ich konnte mich buchstäblich in die Gefühle des jungen Mannes versetzen. Nicht einmal mit der grössten Fantasie kann man eine solche Geschichte erfinden. Sie muss sich genauso ereignet haben.

Die Auferstehung Christi ist die am besten bezeugte Erscheinung eines Lebendigen nach seinem Tod, und sie ist auch diejenige, welche die Welt am meisten verändert hat und nicht aufhört, sie zu verändern. Dass es Nahtod- und Nachtoderfahrungen gibt, wird heute kaum mehr bestritten. Von einigen Ärzten und Psychiatern werden sie zwar nach wie vor als Manifestationen des Gehirns erklärt, die aufhören, sobald die Tätigkeit des Gehirns erloschen ist. Eine wachsende Zahl von Sterbeforschern jedoch ist überzeugt, dass das Bewusstsein eines Menschen nicht an das Gehirn gebunden ist, sondern Ausdruck der Seele ist, die beim Tod – oder vorübergehend auch vor dem Tod – den Körper verlässt.

Ich komme zum Schluss. Mit meiner kleinen Schrift hoffe ich, eine Anzahl Leserinnen und Leser in ihrem Glauben zu stärken, dass der Tod nicht das Ende ist. Andere hoffe ich in ihrer starren Meinung, dass es nicht gibt, was nicht sein darf, wenigstens zu erschüttern. Bei noch einmal anderen, die wie ich selber Menschen fortgeschrittenen Alters sind, habe ich die Hoffnung, dass wir in unseren letzten Jahren immer stärker in die Erfahrung des

Apostels Paulus hineinwachsen, der sich zwar bis zuletzt als wichtiges und nützliches Mitglied der Menschheit betrachtete, sich jedoch auf seine Zukunft nach dem Tode herzlich freute. Bei ihm trägt die Zukunft den Namen des Auferstandenen. Vielleicht schaffen wir es nicht alle bis zur Sehnsucht des Apostels, aber Neugier auf das Kommende wäre auch schon ein Fortschritt. Ich verabschiede mich von meinen Leserinnen und Lesern, indem ich noch einmal das bereits erwähnte Pauluswort zitiere.

Es wird mir von zwei Dingen hart zugesetzt, indem ich Lust habe, abzuscheiden und bei Christus zu sein; das wäre bei weitem das bessere; aber im Fleisch zu verbleiben ist nötiger um euretwillen. (Phil. 1,23)

Ich wünsche mir dieses Pauluswort bei meiner Beerdigung als Predigttext. Eine Sängerin wird die Händel-Kantate singen «Ich weiss, dass mein Erlöser lebt». Ich freue mich jetzt schon auf diesen Gottesdienst. Ich werde dabei sein. Auf Wiedersehen.

Über den Autor

Mit Ovomaltine kannst du es nicht besser, aber länger, lautet die Ovomaltine-Reklame am Fernsehen. Marcel Dietler ist mit der Ovomaltine aufgewachsen. Sein Vater war Vertreter der Ovomaltine-Firma Dr. Wander AG. Mit 82 Jahren schreibt der pensionierte Pfarrer sein erstes Buch, doch gepredigt hat er ein ganzes Leben lang. Die erste Trauung hielt er als Fünfjähriger, ökumenisch und ganz modern. Das Brautpaar bestand aus seinen beiden katholischen Spielkameradinnen. Die beiden Mädchen begleiteten ihn auch, wenn er die Trauerfeier für tote Vögel hielt. Im Alter von elf Jahren beschloss er dann plötzlich, Atheist zu sein. Er weigerte sich mit Erfolg, an seinem Wohnort Köniz den kirchlichen Unterricht zu besuchen, liess sich dann aber zusammen mit einem Kameraden ins Berner Münster in den Unterricht mitnehmen. Walter Lüthi, der damalige Münsterpfarrer, begeisterte ihn. Dank ihm beschloss er recht bald, das zu werden, was er schon als Fünfjähriger gewesen war: Pfarrer. Er studierte in Bern und Basel Theologie, in Basel bei dem berühmten Theologen Karl Barth.

Marcel Dietler wurde ein Abenteurer Gottes. Jahrelang betätigte er sich als Bibelschmuggler und schleuste Bibeln in die Sowjetunion. Seine erste Pfarrstelle war die Schweizer Kirche London. Damals reisten junge Schweizerinnen und Schweizer zu Tausenden nach London, um Englisch zu lernen. Sie fühlten sich einsam und liessen sich gerne in die Swiss Church einladen, die zweihundert Jahre zuvor von Schweizer Söldnern gegründet worden war. Zur Zeit von Marcel Dietler war die Schweizer Kirche am Sonntagabend mit jungen Schweizerinnen und Schweizern gefüllt. Sie liessen sich vom Glauben und der Abenteuerlust des jungen Pfarrers anstecken. Einige von ihnen wurden ebenfalls Bibelschmuggler.

Unter den Gottesdienstbesucherinnen befand sich eine gewisse Verena Bürgin, die im Gegensatz zu anderen jungen Damen ausser dem Wort Gottes nichts von dem ledigen Pfarrer erwartete. Das reizte den Mann Gottes so sehr, dass er sich in die eher abweisende junge Dame verliebte und nicht aufgab, bis sie einwilligte, das Leben mit ihm zu teilen. In England wurde man damals durch Geburt englischer Staatsbürger. Die Söhne Thomas und Peter haben dadurch doppelte Staatsbürgerschaft; sie sind Schweizer und Engländer.

Die Abenteuer Gottes gingen weiter. Marcel Dietler zog es immer wieder in ferne Länder, manchmal allein, manchmal mit seiner Frau. Selbst während des nigerianischen Bürgerkrieges hielt er sich in einsamen Gegenden in Nigeria auf, aber auch bei den ehemaligen Kopfjägern auf der Insel Borneo. Zwei Monate war er Gastpfarrer in den USA in einer schwarzen Pfingstgemeinde mit mehreren tausend aktiven Mitgliedern. Er besuchte in den USA aber auch rasslich gemischte Gemeinden, in denen die weissen Mitglieder zusammen mit den schwarzen Mitgliedern afrikanische Lieder sangen und die schwarzen Mitglieder ihrerseits bei Bachkonzerten mitsangen.

In späteren Jahren – damals bereits von der Schweiz aus – begann er eine Tätigkeit in Peru bei den Strassenkindern in Cusco, der ehemaligen Hauptstadt der Inkas in den südamerikanischen Anden. Dank der Strassenkinder wurde er auch in Gefängnisse eingeladen, um Gottesdienste zu feiern. Mit den Strassenkindern übte er Bibeldramen ein, was von den Gefangenen sehr geschätzt wurde. Oft befanden sich an die tausend Menschen in einem Gottesdienst des Schweizer Pfarrers mit seinen Strassenkindern. Sowohl im Frauengefängnis als auch im Männergefängnis brachen Menschen, die schwere Verbrechen begangen hatten, in Tränen aus und waren bereit, ein neues Leben anzufangen.

Bereits in England hatte sich Marcel Dietler der charismatischen Erneuerung angeschlossen. Die Erneuerungsbewegung war einer der Gründe für die Rückkehr in die Schweiz, zuerst nach Nidau bei Biel, später nach Bern als Pfarrer an der Johanneskirche. Marcel Dietler wurde Mitglied des weltweiten ökumenischen Arbeitskreises der Erneuerung und Vorsitzender der europäischen Unterabteilung. Der Synodalrat der evangelisch-reformierten Kirche Bern/Jura/Solothurn unterstützte diese Tätigkeit, der Schweizerische Evangelische Kirchenbund nahm seine Pfarrerseminare in die offizielle Pfarrerweiterbildung auf.

Seit 2016 reist Marcel Dietler nicht mehr zu seinen Strassenkindern in Peru, unterstützt sie jedoch weiterhin finanziell mit seinen poetischen Konfitüren. Er stellt ungewohnte Mischungen von Konfitüren her und versieht die Töpfchen mit Bildern und Geschichten. Seine Freunde haben ihm längst angeraten, Bücher zu schreiben. Doch erst als Mann, der nicht mehr weit vom Abschied aus dieser Welt entfernt ist, hat er ihrem Drängen nachgegeben und das vorliegende Buch geschrieben.